Jean-Philipp

LA PRONONCIATION DE L'ANGLAIS

ouvrage publié sous la direction de

Paul Larreya

ARMAND COLIN

Jean-Philippe WATBLED est professeur à l'université de la Réunion. Il a publié dans la même collection *Les Mots de l'anglais* et, en collaboration avec Paul Larreya, *Linguistique générale et langue anglaise*.

Armand Colin est une marque de Dunod Editeur,
11, rue Paul Bert, 92247 Malakoff

Internet : http://www.armand-colin.com
ISBN : 978-2-200-34137/4

SOMMAIRE

AVANT-PROPOS

L'objectif de cet ouvrage est double : d'une part, nous avons voulu donner une description précise des sons de l'anglais, afin de fournir aux étudiants un instrument de travail qui puisse les aider à améliorer leur prononciation, en mettant l'accent sur les difficultés que présente l'anglais oral pour les étudiants non anglophones ; d'autre part, ce petit livre se veut une initiation aux méthodes de la linguistique anglaise, et plus précisément de la phonétique et de la phonologie. Connaissances théoriques et connaissances pratiques sont en effet inséparables.

Les différents domaines de la phonétique anglaise sont étudiés : le système consonantique et le système vocalique, les détails des différentes réalisations phonétiques des phonèmes en contexte, les relations entre graphie et prononciation, l'accentuation (accent de mot, accent dans l'énoncé), le rythme et l'intonation. Chaque point abordé est illustré par de nombreux exemples.

Nous avons utilisé l'Alphabet Phonétique International. Il est conseillé au lecteur de commencer par se familiariser avec les signes de cet alphabet, et de ne négliger à aucun moment de son étude les phénomènes accentuels et rythmiques qui rendent l'anglais si différent du français. On oublie en effet trop souvent que l'apprentissage du lexique est aussi celui de la prononciation des mots, et qu'il faut mémoriser, en même temps que la forme écrite et le sens d'un mot, sa forme orale avec son schéma accentuel.

Le corps de l'ouvrage est consacré à la variété d'anglais britannique habituellement enseignée en France, et les principales caractéristiques de l'anglais américain sont décrites dans le dernier chapitre.

Les chapitres 2 à 6 se terminent par des exercices. On trouvera en fin de volume les corrigés des exercices, une bibliographie commentée et un index bilingue.

Les signes utilisés pour transcrire les phonèmes et pour noter l'accentuation sont présentés à la page suivante. (Les signes supplémentaires utilisés pour la transcription de certains détails phonétiques dans les différents chapitres ont été regroupés dans l'annexe I p. 119.)

Signes utilisés pour les phonèmes et l'accentuation

Les lettres correspondant aux phonèmes sont en gras. Deux points après un signe symbolisent la longueur. Les signes vocaliques doubles (ex. : /aɪ/) symbolisent les **diphtongues**.

/p/	***p**ick*	/b/	***b**ad*	/t/	***t**ea*	/d/	***d**ip*
/k/	***c**at*	/g/	***g**et*	/f/	***f**at*	/v/	***v**ery*
/θ/	***th**ink*	/ð/	***th**is*	/s/	***s**it*	/z/	***z**oo*
/ʃ/	***sh**ine*	/ʒ/	*rou**g**e*	/tʃ/	***ch**ip*	/dʒ/	***j**am*
/h/	***h**at*	/m/	***m**oon*	/n/	***n**eed*	/ŋ/	*si**ng***
/l/	***l**et*	/r/	***r**ace*	/w/	***w**ay*	/j/	***y**ear*
/iː/	*s**ea**t*	/ɪ/	*s**i**t*	/e/	*s**e**t*	/æ/	*s**a**t*
/ɑː/	*p**ar**t*	/ɒ/	*p**o**t*	/ɔː/	*p**or**t*	/ʊ/	*p**u**t*
/uː/	*b**oo**t*	/ʌ/	*b**u**t*	/ɜː/	*b**ir**d*	/eɪ/	*l**a**ne*
/aɪ/	*l**i**ne*	/ɔɪ/	*b**oy***	/aʊ/	*c**ow***	/əʊ/	*g**o***
/ɪə/	*b**eer***	/eə/	*b**are***	/ʊə/	*m**oor***	/ə/	***a**gain*

Le signe ° en fin de mot indique qu'on prononce un /r/ avant une voyelle : *far* /fɑː°/ = /fɑː/ avant consonne ou pause, et /fɑːr/ avant voyelle (*far away*).

Accent primaire : ˈ avant la syllabe ; ex. : *letter* /ˈletə°/.

Accent secondaire : ˌ avant la syllabe ; ex. : *kangaroo* /ˌkæŋgəˈruː/.

Accent mineur : , avant la syllabe ; ex. : *apricot* /ˈeɪprɪ,kɒt/.

Dans certaines de nos transcriptions, le signe • marque les limites entre les syllabes (*actress* /ˈæk•trəs/). Ce signe précède les consonnes syllabiques (*button* /ˈbʌt•n/). Les signes utilisés pour les accents marquent également les limites entre les syllabes (*kangaroo* /ˌkæŋ•gəˈruː/).

INTRODUCTION

Nous décrivons dans les chapitres 1 à 6 la prononciation britannique appelée *Received Pronunciation* (= RP). (Le chapitre 7 est consacré à l'anglais américain.) La variété RP est celle qui, dans de nombreux pays (notamment en France), est généralement choisie pour l'enseignement de l'anglais comme langue étrangère. Souvent identifiée à l'anglais de la BBC, elle est encore considérée comme la variété de prestige en Angleterre, où elle a le statut de prononciation standard. Elle ne correspond à aucun accent régional.

1. PHONÉTIQUE ET PHONOLOGIE

La **phonétique** (angl. *phonetics*) est l'étude scientifique des sons de la parole du langage naturel humain. C'est une science du langage, de caractère instrumental, qui utilise les développements technologiques modernes. Elle comporte plusieurs spécialités, dont les principales sont la **phonétique articulatoire** (angl. *articulatory phonetics*) et la **phonétique acoustique** (angl. *acoustic phonetics*). La phonétique articulatoire étudie les mécanismes de production des sons par le locuteur et la phonétique acoustique étudie les propriétés physiques des sons eux-mêmes (fréquence, amplitude des vibrations, etc.). Dans cet ouvrage nous mettons l'accent sur la phonétique articulatoire. La **phonologie** (angl. *phonology*), qui est une partie de la linguistique (angl. *linguistics*), applique les méthodes d'analyse de cette dernière aux données étudiées par les phonéticiens. La phonétique étudie les sons de la parole « en soi » dans leurs aspects purement physiques, la manière dont ils sont produits par le locuteur, ainsi que la structure acoustique du son ; la phonologie a pour objet l'organisation des sons en **système** (angl. *system*), chaque langue ayant son propre système.

La phonologie explique comment les différences de sons permettent de distinguer les mots. Par exemple, la consonne initiale de *pick* est différente de la consonne initiale de *kick*, et cette différence a une valeur linguistique, car elle fait interpréter *pick* et *kick* comme deux mots différents, avec des significations différentes. La phonologie considère comme **pertinent** (angl. *relevant*) dans les faits de prononciation tout ce qui permet l'identification et la différenciation des formes linguistiques (mots, énoncés).

Il faut encore distinguer, à l'intérieur de la phonologie, deux disciplines, en fonction des différents aspects de la parole qui sont étudiés. Ces deux disciplines sont la **phonologie segmentale** (angl. *segmental phonology*) et la **phonologie suprasegmentale** (angl. *suprasegmental phonology*), appelée aussi **prosodie** (angl. *prosody*). Considérons l'exemple du mot *actress*. Ce mot est une suite de six segments sonores, représentés ici dans la graphie par les lettres ***a***, ***c***, ***t***, ***r***, ***e***, ***ss*** (le double ***ss*** représente un seul segment sonore). La phonologie segmentale a pour objet l'étude de ces segments tels qu'ils apparaissent dans les mots, ainsi que leur organisation en système (voir §6, et ch. 2 et 3). Les segments en question s'appellent des **phonèmes** (angl. *phonemes*). La phonologie suprasegmentale, ou prosodie, a pour domaine d'étude toute séquence plus large que les phonèmes (comme la syllabe), ou toute réalité phonique surajoutée aux phonèmes : l'accentuation, l'intonation et le rythme. Exemple : le mot *actress* est constitué de deux syllabes, correspondant aux séquences de lettres suivantes : *ac-* et *-tress*. La première syllabe est plus audible, plus perceptible, plus « forte » que la seconde, et on dit qu'elle porte l'**accent** (angl. *stress*). Ces faits relèvent de la prosodie.

2. La production de la parole

Dans la production de la **parole** (angl. *speech*), l'air venu des poumons passe par le **larynx** (angl. *larynx*), où se trouvent les **cordes vocales** (angl. *vocal cords*).

L'expression « cordes vocales » est trompeuse : il s'agit en fait de deux replis musculaires (angl. *vocal folds*) et non de véritables « cordes ». L'espace entre ces deux replis est appelé **glotte** (angl. *glottis*).

Le type de **phonation** (angl. *phonation*) dépend principalement du degré de rapprochement des cordes vocales. Du point de vue de la phonologie de l'anglais, il est intéressant de distinguer deux positions principales (même s'il existe d'autres possibilités) : (a) glotte ouverte ; (b) position permettant les vibrations des cordes.

• **Glotte ouverte**

Lors de la production de sons comme [s] ou [f] (par exemple), la glotte ouverte (cordes écartées) laisse passer l'air librement, et les cordes ne vibrent pas. Un son produit sans vibration des cordes vocales (= [s], [f]) est **non voisé** (angl. *unvoiced*).

• **Vibrations**

Lors de la production de sons comme [z] ou [v] (par exemple), les cordes se rapprochent au point de fermer pratiquement la glotte. Toutefois, cette fermeture n'est pas hermétique[1], et l'effort respiratoire permet à l'air venu des poumons de forcer le passage, ce qui a pour effet de déclencher les vibrations des cordes. Les vibrations, dues à la pression de l'air expiré et facilitées par l'élasticité des cordes, sont une succession très rapide d'ouvertures et de fermetures glottales. Ce sont ces vibrations qu'on appelle **voix** (angl. *voice*). Un son produit avec vibration des cordes (= [v], [z]) est **voisé** (angl. *voiced*).

Après être passé par le larynx, l'air monte dans les cavités supérieures (le pharynx, la bouche, et, éventuellement, le nez) pour la phase articulatoire. Le passage de l'air dans ces cavités, la forme prise par les organes (langue, etc.), leur position et leur degré de rapprochement déterminent le type et la qualité du son produit. Par exemple, pour articuler le son [f], on rapproche la lèvre inférieure des incisives supérieures.

1. La fermeture de la glotte est hermétique dans le cas de l'occlusion glottale : voir ch. 4, §1.

3. Réalité phonétique et code graphique

Les linguistes accordent la primauté à l'étude de la langue parlée, et les phonéticiens s'intéressent évidemment en priorité à l'étude de la production de la parole (voir §2 ci-dessus). L'écriture d'une langue n'est en effet qu'un code secondaire, qui, dans le cas notamment des écritures de type alphabétique comme la nôtre, est censé être un reflet plus ou moins direct de la prononciation. Une écriture alphabétique est optimale quand chaque lettre représente un seul phonème, toujours le même, et, inversement, quand chaque phonème n'est représenté que par une seule et même lettre, toujours la même. En ce sens, le code graphique de l'anglais n'est pas optimal.

La question des correspondances entre graphie et prononciation sera abordée de manière pratique dans les chapitres 4 et 5. Les règles permettant le passage de l'écrit à l'oral sont des règles **graphophonématiques**, et celles qui permettent le passage de l'oral à l'écrit sont des règles **phonographématiques**.

Malgré l'existence de règles de passage de l'écrit à l'oral et vice-versa, les correspondances entre lettres et phonèmes sont souvent indirectes (et parfois irrégulières). Les lettres en gras (***o***, ***u***, ***ou***) dans les mots *c**o**me*, *c**u**t*, *r**ou**gh*, par exemple, correspondent à la même unité vocalique dans la langue orale. Inversement, la graphie ***ea*** correspond à trois unités orales distinctes dans *dr**ea**m*, *br**ea**d*, *br**ea**k*. Dans *dr**ea**m*, on a la même unité vocalique orale que dans *tr**ee***, dans *br**ea**d* la même que dans *b**e**d*, et dans *br**ea**k* la même que dans *gr**ey***. Les mots *break* et *brake*, écrits différemment, sont **homophones** (ce qui signifie qu'ils se prononcent de la même façon). Ces exemples, qu'on pourrait multiplier, entraînent la nécessité de disposer d'un alphabet spécial qui permette de transcrire la prononciation des mots de la manière la plus exacte possible. Chaque signe de cet alphabet doit symboliser une unité orale et une seule, et chaque unité orale doit être symbolisée par un signe et un seul. Un alphabet qui a ces propriétés est un alphabet phonétique. L'alphabet phonétique le plus utilisé est l'**Alphabet Phonétique International** (API ; angl. *International Phonetic Alphabet*, *IPA*), et nous l'avons adopté dans cet ouvrage.

Exemple : puisque *bread* et *bed* ont la même unité vocalique orale, cette unité devra être représentée par le même symbole. En API, ces deux mots seront transcrits respectivement /bred/ et /bed/, avec le symbole /e/ pour la voyelle.

Les signes utilisés pour la transcription des unités orales (phonèmes) se trouvent p. 6.

4. Phonèmes et allophones

Comparons les mots *pack* et *back*, transcrits respectivement /pæk/ et /bæk/ : le phonème initial /p/ de *pack* s'oppose au phonème initial /b/ de *back* /bæk/, et cette seule différence permet au locuteur de distinguer les deux formes. C'est pourquoi on dit que les phonèmes ont une **fonction distinctive** (angl. *distinctive function*), ce qui signifie qu'ils ont pour rôle de rendre les formes des mots distinctes les unes des autres.

Les phonèmes, qui sont des unités **phonologiques**, se manifestent par un ensemble de réalisations **phonétiques** qu'on appelle **allophones** (angl. *allophones*). Dans les mots *peak* et *speak*, par exemple, on a, comme dans *pack*, le phonème consonantique /p/. Ces deux formes se transcrivent respectivement /piːk/ et /spiːk/. Pourtant, si l'on décrit les réalisations de /p/ dans ces deux mots en termes purement physiques (= phonétiques), on s'aperçoit qu'on a affaire à des sons différents : d'une manière générale, le phonème /p/ est réalisé plus énergiquement en position initiale de syllabe accentuée, comme dans *peak*, qu'après un /s/, comme dans *speak*, et on dit que le /p/ est « aspiré » dans *peak* (mais non dans *speak*). Les réalisations phonétiques du phonème /p/ dans *peak* et *speak* sont conditionnées par le **contexte** (= environnement) dans lequel ce phonème se trouve. Insistons sur le fait que nous avons affaire au même phonème /p/ dans les deux mots, malgré la différence phonétique.

Lorsqu'un seul et même phonème est (physiquement) manifesté par plusieurs sons différents, on dit que les sons en question sont des allophones de ce phonème. Le phonème /p/ dans *peak* et dans *speak* est manifesté par deux allophones différents : un allophone aspiré dans *peak* et un allophone non aspiré dans *speak*.

Il est très important de bien connaître et reproduire les allophones des phonèmes dans les différents contextes où ils apparaissent. L'étude des allophones est l'un des objets des chapitres 4 et 5.

Si l'on transcrit la prononciation d'un mot à l'aide des symboles de l'API, il faut savoir si l'on donne de ce mot une transcription **phonémique** (angl. *phonemic*), c'est-à-dire une suite de phonèmes, comme nous l'avons fait jusqu'à présent, ou une transcription **phonétique** (angl. *phonetic*) plus ou moins détaillée. Dans une transcription phonémique, souvent appelée aussi transcription phonologique, on omet volontairement toutes les différences entre allophones, pour ne laisser que les informations nécessaires à la distinction des formes des mots. Les transcriptions phonémiques se mettent entre **barres obliques** (angl. *slanted brackets*, *slants*). Les transcriptions phonémiques des formes *peak* et *speak* sont /pi:k/ et /spi:k/. Si on veut donner des transcriptions phonétiques de ces deux formes, il faudra préciser les différences entre les allophones. Les transcriptions phonétiques se mettent entre **crochets carrés** (angl. *square brackets*). Les transcriptions phonétiques des formes *peak* et *speak* sont [p^hi:k] et [spi:k]. (L'aspiration se note à l'aide du petit signe ^{h}.)

Les transcriptions phonémiques (= phonologiques) sont toujours des transcriptions dites « larges », ce qui signifie qu'on omet toutes les différences entre allophones. Quant aux transcriptions phonétiques, elles sont plus ou moins « étroites », c'est-à-dire plus ou moins détaillées selon les besoins du descripteur. Dans la pratique, il arrive que certains descripteurs ou dictionnaires notent entre crochets carrés des transcriptions « larges » qui équivalent à des transcriptions phonémiques (ex. : [pi:k] au lieu de /pi:k/ pour *peak*).

5. Système et distribution

On dit que deux phonèmes qui peuvent apparaître dans un même contexte sont en relation d'**opposition** (angl. *contrast*). Ainsi, le /p/ de *pin* /pɪn/ et le /b/ de *bin* /bɪn/ s'opposent. Les deux formes *pin* et *bin* constituent une **paire minimale** (angl. *minimal pair*), ce qui signifie qu'elles ne se différencient que par un seul phonème.

Les phonèmes d'une langue sont organisés en **système** (= système phonématique). Les consonnes /p/ (*peat* /piːt/), /b/ (*beat* /biːt/), /m/ (*meet* /miːt/), par exemple, sont toutes trois articulées avec les deux lèvres : elles forment la classe des bilabiales. Les consonnes /m/ (*ram* /ræm/), /n/ (*ran* /ræn/), /ŋ/ (*rang* /ræŋ/) forment la classe des nasales (= air qui passe librement par le nez : voir ch. 2). Le système phonématique est ainsi constitué de différentes classes de phonèmes. Un système est un ensemble structuré dans lequel les différents éléments (= les phonèmes) ont une place bien précise. Le système phonématique de l'anglais est étudié dans les chapitres 2 et 3.

La **distribution** (angl. *distribution*) d'un phonème est l'ensemble des contextes dans lesquels il peut apparaître. Par exemple, le phonème /h/ (*hair*, *here*, etc.) a une distribution limitée : il ne peut apparaître qu'avant une voyelle. Autre exemple : le phonème /ŋ/ (= ***ng*** dans *sing*) ne peut pas se trouver en début de syllabe.

La phonologie étudie aussi la distribution des allophones (voir §4 ci-dessus).

La **phonotactique** (angl. *phonotactics*) étudie la distribution des phonèmes et les règles de combinaisons de phonèmes dans le mot. Exemple : en anglais, un /k/ initial ne peut précéder une consonne nasale (/m/, /n/, /ŋ/). Cette contrainte explique pourquoi *know*, *knife*, etc., se prononcent avec un ***k*** muet. (Ces règles seront étudiées dans les chapitres 4 et 5.)

Il arrive qu'une opposition reconnue dans certains contextes soit levée, supprimée, dans d'autres contextes. Ainsi, la paire minimale {*paper* /'peɪpə°/, *pepper* /'pepə°/} révèle une opposition entre /eɪ/ et /e/. En finale de mot, la voyelle /eɪ/ est possible : *pay* /peɪ/, mais la voyelle /e/ ne peut pas terminer un mot. On dit que, dans ce contexte, il y a **neutralisation** (angl. *neutralisation*) de l'opposition (entre /eɪ/ et /e/).

6. Accentuation

Dans chaque mot anglais prononcé isolément, il y a une **syllabe** (angl. *syllable*) perceptuellement dominante : on dit qu'elle est **accentuée** (angl. *stressed*).

Une accentuation correcte est indispensable pour bien se faire comprendre, car, dans le processus de reconnaissance d'un mot, le schéma accentuel compte encore davantage que les phonèmes qui le constituent.

Dans une transcription, le signe ˈ précède la syllabe porteuse de l'**accent primaire** (angl. *primary stress*), ou **accent principal** (angl. *main stress*). Exemple : dans *rabbit* /ˈræbɪt/, la syllabe initiale est accentuée et la syllabe finale est **inaccentuée** (angl. *unstressed*). Les polysyllabes peuvent avoir, en plus de l'accent primaire, un **accent secondaire** (angl. *secondary stress*), moins fort que l'accent primaire, et qui est noté avec le signe ˌ . Exemple : *kangaroo* /ˌkæŋgəˈruː/. L'accent primaire et l'accent secondaire sont des **accents majeurs** (angl. *full stress*).

Les syllabes porteuses d'un accent majeur sont produites avec davantage d'énergie respiratoire que les autres.

De très nombreux mots ont non seulement un accent primaire, et, éventuellement, un accent secondaire, mais aussi une ou plusieurs syllabes avec un **accent mineur** (angl. *lower stress*), inférieur aux accents majeurs dans la hiérarchie accentuelle. Nous notons l'accent mineur avec le signe , . Exemple : *reconcile* /ˈrekən,saɪl/.

N.B. : La plupart des dictionnaires et des manuels de phonétique ne notent que les accents majeurs. Les dictionnaires américains notent les accents mineurs, mais avec le même signe que pour l'accent secondaire.

Une syllabe accentuée (accent majeur ou mineur) est une **syllabe forte** (angl. *strong syllable*) et une syllabe inaccentuée est une **syllabe faible** (angl. *weak syllable*).

On dit aussi que la voyelle d'une syllabe accentuée est une **voyelle forte** (angl. *strong vowel*) ou **voyelle pleine** (angl. *full vowel*), et que la voyelle d'une syllabe inaccentuée est une **voyelle faible** (angl. *weak vowel*) ou **voyelle réduite** (angl. *reduced vowel*).

Certains mots-outils monosyllabiques ont une **forme forte** (angl. *strong form*), accentuée, et une **forme faible** (angl. *weak form*)[1], complètement désaccentuée, appelée aussi **forme réduite**. Exemple : *from* /frɒm/ se prononce avec sa forme forte [frɒm] en fin de phrase dans *Where do you come from?*, mais dans *She came from Oxford*, par exemple, il perd normalement tout accent et se prononce avec sa forme faible [frəm] : [frəmˈɒksfəd]. Ce phénomène de réduction s'explique par le **rythme** (angl. *rhythm*) de l'énoncé anglais, très différent du rythme de l'énoncé français (voir ch. 6, §9).

1. On trouvera dans l'annexe II une liste de mots avec forme forte et forme(s) faible(s).

2

LE SYSTÈME CONSONANTIQUE

L'étude des systèmes suppose une bonne connaissance de la substance phonique qui sous-tend leur structuration. Dans ce chapitre, nous allons étudier le système consonantique de l'anglais, ainsi que les notions fondamentales de phonétique articulatoire. (Sur la notion de système et sur la phonétique articulatoire, voir le chapitre 1).

Le système vocalique sera étudié dans le chapitre 3. Le chapitre 4 (consonnes) et le chapitre 5 (voyelles) seront consacrés de manière détaillée aux réalisations phonétiques précises des différents phonèmes, aux difficultés que présentent les différentes articulations, ainsi qu'aux relations entre prononciation et graphie.

1. LES ORGANES DE LA PAROLE

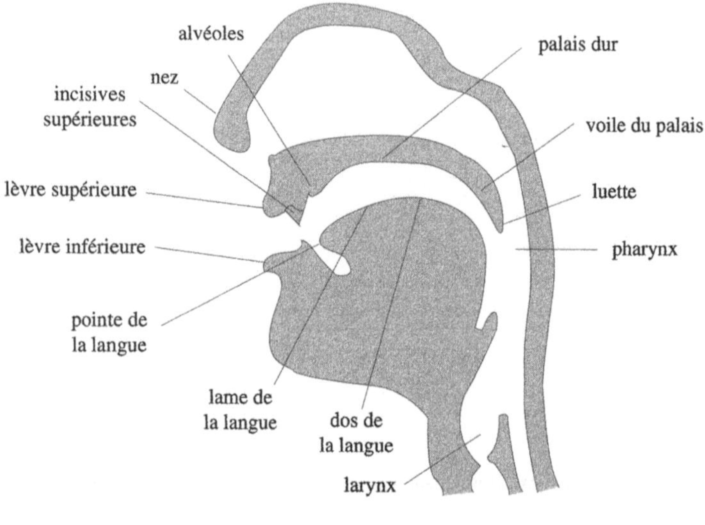

La figure de la page précédente donne une vision globale des **articulateurs** (angl. *articulators*), c'est-à-dire des organes de la cavité buccale qui sont utilisés dans la production de la parole. On peut distinguer les articulateurs supérieurs et les articulateurs inférieurs, l'articulation consistant à rapprocher un articulateur inférieur et un articulateur supérieur ou à les mettre en contact. Les articulateurs supérieurs sont : la **lèvre supérieure** (angl. *upper lip*), les **incisives supérieures** (angl. *upper teeth*), les **alvéoles** (angl. *teeth ridge*), partie située juste derrière les incisives, le **palais dur** (angl. *hard palate*), le **voile** du palais (angl. *soft palate*) ; les articulateurs inférieurs sont : la **lèvre inférieure** (angl. *lower lip*), la **langue** (angl. *tongue*). Le principal articulateur, la langue, se subdivise en trois zones : la **pointe** (angl. *tip*) ou **apex** (angl. *apex*), la **lame** (angl. *blade*) ou **prédorsum**, partie plate située en arrière de la pointe, et le **dos** (angl. *body of the tongue*) ou **dorsum**.

On appelle **point d'articulation** (angl. *place of articulation*) le point de contact ou de rapprochement entre les articulateurs impliqués dans la production d'une **consonne** (angl. *consonant*), et on appelle **mode d'articulation** (angl. *manner of articulation*) le degré de rapprochement des articulateurs et/ou l'effet acoustique produit (exemples : bruit de friction pour [s], bruit de plosion pour [t], etc.).

2. Le système consonantique

Le tableau qui suit donne une vision globale du système consonantique de l'anglais. Les phonèmes y sont classés en fonction de leurs propriétés, qu'on appelle **traits distinctifs** (angl. *distinctive features*).

Les traits distinctifs permettent de différencier les phonèmes les uns des autres, mais aussi de les regrouper en classes. L'ensemble des traits distinctifs d'un phonème caractérise ce phonème. La consonne /m/, par exemple, a les traits distinctifs « nasale » et « bilabiale », la consonne /n/ a les traits distinctifs « nasale » et « alvéolaire », etc. Les traits distinctifs de l'axe vertical (de « plosives » à « approximantes non-latérales ») indiquent le mode d'articulation, tandis que les traits distinctifs de l'axe horizontal (de « bilabiales » à

« glottale ») indiquent le point d'articulation. Exemple : la consonne /k/ a le mode d'articulation « plosive » et le point d'articulation « vélaire ». Dans certaines cases du tableau se trouvent deux consonnes : celle de gauche (/s/ par exemple) est **non voisée**, et celle de droite (/z/ par exemple) est **voisée** (= vibration des cordes vocales : voir ch. 1, §2). Les termes utilisés dans le tableau sont expliqués plus loin.

	bilabiales	labio-dentales	dentales	alvéolaires	post-alvéolaire	palato-alvéolaire	palatales	vélaires	glottale
plosives	p b			t d				k g	
affriquées (sibilantes)						tʃ dʒ			
fricatives sibilantes				s z		ʃ ʒ			
fricatives non-sibilantes		f v	θ ð						h
nasales	m			n				ŋ	
approximante latérale				l					
approximantes non-latérales					r		j	w	

3. Modes d'articulation

Lors de l'articulation des **plosives** (angl. *plosives*), on distingue trois phases : (a) la fermeture ou occlusion, phase durant laquelle le rapprochement complet des organes articulatoires aboutit à une obstruction complète ; (b) la compression de l'air derrière le point d'occlusion ; (c) le relâchement des organes qui, en se séparant, permettent à l'air comprimé de s'échapper brusquement en produisant un bruit de plosion (d'où le terme de plosive). Exemples (les lettres en gras correspondent aux phonèmes) :

/p/ : ***p**in, **p**ick, a**pp**le, ha**pp**y.* /b/ : ***b**in, **b**ike, o**b**ey, **b**ad.*
/t/ : ***t**in, **t**ick, **t**ea, a**tt**ic, po**t**a**t**o.* /d/ : ***d**in, **d**ream, **d**o, **d**rama.*
/k/ : ***c**ould, **k**ite, **c**at, **c**ry.* /g/ : ***g**et, **g**un, **g**rey, **g**oose.*

Les consonnes qui sont produites avec une occlusion (phase [a] ci-dessus) sont appelées **occlusives** (angl. *stops*). Les plosives sont donc aussi des occlusives. Les consonnes nasales sont des occlusives, mais ne sont pas des plosives (voir plus loin).

Les **fricatives** (angl. *fricatives*), contrairement aux plosives, sont des consonnes **continues** (angl. *continuants*), ce qui signifie que leur émission est prolongeable. Pour une fricative, il n'y a pas fermeture complète, mais simplement un rétrécissement suffisant pour que l'air s'échappant par un étroit passage produise une turbulence et un bruit de friction. Parmi les fricatives, on distingue les **sibilantes** (angl. *sibilants*) et les non-sibilantes. Cette distinction est importante pour les fricatives articulées avec la langue, c'est-à-dire /θ ð s z ʃ ʒ/.

Lors de l'articulation des sibilantes /s z ʃ ʒ/, la langue est creusée en sillon, alors qu'elle est « plate » pour /θ ð/. La conséquence sur le plan acoustique est importante : les fricatives /θ ð/ sont nettement moins audibles, moins « bruyantes » que les sibilantes. Exemples :

/f/ : ***f**un, **ph**iloso**ph**y, **f**ile.* /v/ : ***v**ain, go**v**ern, **v**alley.*
/θ/ : ***th**ing, **th**ink, **th**ick, brea**th**.* /ð/ : ***th**e, **th**is, **th**at, brea**th**e.*
/s/ : ***s**ing, **s**it, **s**oon, po**ss**e**ss**.* /z/ : ***z**oo, po**ss**ess, plea**s**e.*
/ʃ/ : ***sh**oe, **sh**ow, ma**ch**ine, **s**ure.* /ʒ/ : *plea**s**ure, rou**g**e, lei**s**ure.*
/h/ : ***h**air, **h**ear, **h**at, **h**orror.*

Les **affriquées** (angl. *affricates*) /tʃ/ et /dʒ/ sont des consonnes complexes (transcrites à l'aide d'un signe double) qui commencent comme des plosives mais pour lesquelles on entend un bruit de friction lors de la phase finale (relâchement), comme pour une fricative. La phase fricative des affriquées anglaises /tʃ/ et /dʒ/ est sibilante, ce qui fait que l'on peut aussi classer ces affriquées comme des plosives sibilantes.

Exemples :
/tʃ/ : ***church***, ***chilled***, ***chat***. /dʒ/ : ***gin***, ***jam***, ***jewel***, ***jet***.

Nous venons d'étudier le mode d'articulation de toutes les consonnes placées au-dessus du trait épais du tableau, c'est-à-dire /p b t d k g tʃ dʒ s z ʃ ʒ f v θ ð h/. Ces consonnes (plosives, affriquées, fricatives) sont appelées **obstruentes** (angl. *obstruents*), alors que celles qui sont placées en dessous de ce trait épais sont appelées **sonantes** (angl. *sonorants*). Les consonnes sonantes sont /m n ŋ l r j w/. Les obstruentes sont des consonnes « bruyantes » du point de vue acoustique, le bruit étant soit une plosion (plosives), soit une friction (fricatives). Les sonantes n'ont pas ce composant bruyant, ce qui en fait des consonnes plus proches des voyelles, qui sont également à classer parmi les sonantes.

Les consonnes sans nasalité (ex. : les plosives, fricatives et affriquées étudiées plus haut) sont des consonnes **orales** (angl. *oral*). Dans leur production, le voile du palais est relevé et ferme le passage vers la cavité nasale. Au contraire, pour les trois consonnes **nasales** (angl. *nasal*) /m/, /n/ et /ŋ/, le voile du palais est abaissé, ce qui permet à l'air de passer par le nez. Les nasales sont produites avec une fermeture complète au niveau labial ou buccal : occlusion bilabiale pour /m/, occlusion alvéolaire pour /n/, et occlusion vélaire pour /ŋ/. Comme l'air s'échappe librement et de manière continue par le nez, la pression intra-buccale ne peut augmenter. Ainsi, malgré l'occlusion (labiale ou buccale), les nasales ne connaissent pas le bruit de plosion des plosives : ce sont des occlusives, mais pas des plosives. Étant produites sans bruit de plosion ni de friction, ce sont des **sonantes**. Exemples :

/m/ : ***moon***, ***make***. /n/ : ***now***, ***night***. /ŋ/ : *si**ng***, *lo**ng***, *fi**ng**er*.

Les consonnes anglaises non nasales /l/, /r/, /j/, /w/ forment au sein des sonantes la classe complémentaire des **approximantes** (angl. *approximants*). Les approximantes sont des consonnes continues sans bruit de friction (angl. *frictionless continuants*), et en cela elles se distinguent des fricatives. Les organes articulateurs sont rapprochés, mais pas suffisamment pour causer une friction. La consonne /l/ est une **latérale** (angl. *lateral*), ce qui veut dire qu'il y a une fermeture centrale (pointe de la langue en contact avec les alvéoles), et que l'air s'échappe librement sur les côtés. L'occlusion n'est donc que partielle (ce qui explique l'absence de plosion). Le passage (latéral) libre donne à /l/ ses propriétés de sonante. Les consonnes /l/ et /r/ sont parfois appelées **liquides** (angl. *liquids*). Les approximantes /j/ et /w/, qui sont souvent appelées **semi-voyelles** (angl. *semi-vowels*), sont les contreparties consonantiques (= non syllabiques) de voyelles de type [i] (comme en français dans *si*) et [u] (comme en français dans *cou*). La consonne /r/ est aussi classée comme semi-voyelle dans certaines descriptions. Exemples :

/l/ : *lane, light, late, little.* /r/ : *rat, run, ring, rooster.*
/j/ : *year, yard, you, yoke.* /w/ : *wet, white, wife, wig.*

4. Points d'articulation

• Les consonnes **bilabiales** (angl. *bilabial*) /p/, /b/ et /m/, qui sont des occlusives, sont articulées avec les deux lèvres en contact. Dans la production des **labio-dentales** (angl. *labio-dental*) /f/ et /v/, qui sont des fricatives, la lèvre inférieure se rapproche des incisives supérieures.
• Toutes les consonnes anglaises autres que les labiales et la glottale /h/ sont articulées avec la langue : ce sont des **linguales** (angl. *lingual*). La semi-voyelle /w/ a la particularité d'être à la fois bilabiale et linguale.
• Pour les **dentales** (angl. *dental*) /θ/ et /ð/, appelées aussi **interdentales** (angl. *interdental*), la pointe de la langue se rapproche des dents. Ces consonnes linguales, qui mettent en jeu la pointe de la langue, sont plus précisément **apicales** (angl. *apical*), ce terme étant dérivé de *apex* (= pointe). En résumé, /θ/ et /ð/ sont des apico-dentales.
• Dans la production des **alvéolaires** (angl. *alveolar*) /t/, /d/, /n/, /l/, la pointe de la langue est en contact avec les alvéoles supérieures, situées derrière les dents. Ces consonnes sont apico-alvéolaires. Pour les fricatives /s, z/, la lame de la langue est rapprochée des alvéoles : ces consonnes sont **laminales** (angl. *laminal*), et plus précisément lamino-alvéolaires. Le /r/ anglais est **post-alvéolaire** (angl. *post-alveolar*), c'est-à-dire articulé un peu plus en arrière que les alvéolaires /t/, /d/, /n/, /l/, /s/, /z/.

• Les consonnes **palato-alvéolaires** (angl. *palato-alveolar*) /ʃ/, /ʒ/, /tʃ/, /dʒ/, qui sont laminales comme /s/ et /z/, ont un point d'articulation étendu dans une région à la fois post-alvéolaire et palatale : la lame de la langue se rapproche de la zone post-alvéolaire, et en même temps la partie antérieure du dos de la langue est relevée vers le palais dur (= « palatalisation » concomitante). Le terme « palato-alvéolaire » exprime bien cette réalité. Les affriquées /tʃ/ et /dʒ/ ont le même point d'articulation que /ʃ/ et /ʒ/. On observera que toutes les sibilantes (s z ʃ ʒ tʃ dʒ) sont laminales.

• La **palatale** (angl. *palatal*) /j/ est articulée dans la région du palais dur (comme la voyelle /iː/), et les **vélaires** (angl. *velar*) /k/, /g/, /ŋ/ dans la région du voile du palais (comme la voyelle /uː/). La palatale et les vélaires sont des consonnes dorsales (= articulées avec le dos de la langue).

• La **glottale** (angl. *glottal*) /h/ fait intervenir la glotte (voir ch. 4, §3).

5. Voisement

Les obstruentes (voir plus haut), à l'exception de /h/, connaissent l'opposition de **voisement** (angl. *voicing*) (voir ch. 1, §2) :

Non-voisées :	p	t	k	f	θ	s	ʃ	tʃ
Voisées :	b	d	g	v	ð	z	ʒ	dʒ

• Les consonnes qui n'entrent pas dans cette opposition sont /h/ et les sonantes /m n ŋ l r w j/. Phonologiquement, /h/ est à classer dans les non voisées, et les sonantes sont à classer parmi les voisées. Les sonantes sont en effet réalisées voisées à chaque fois que le contexte le permet (voir ch. 4). Le voisement « spontané » des sonantes est une de leurs propriétés fondamentales.

• On dit que le voisement des sonantes est un **trait redondant** (angl. *redundant feature*), dans la mesure où elles ne s'opposent pas à des partenaires non voisées dans le système phonématique. De même, le trait non-voisé de /h/ est redondant, puisque cette consonne ne s'oppose pas à un partenaire voisé. (La valeur du trait de phonation —voisé ou non voisé— d'une consonne est distinctif si cette consonne entre dans l'opposition de voisement, et il est redondant si elle n'y entre pas.)

En anglais, les consonnes non-voisées /p/, /t/, /k/, /f/, /θ/, /s/, /ʃ/, /tʃ/, /h/ sont produites avec plus d'énergie articulatoire que les consonnes voisées, et c'est pourquoi on les classe aussi comme **fortis** (= « énergiques », angl. *fortis*), les consonnes voisées (obstruentes voisées ou sonantes) étant **lenis** (= « douces », angl. *lenis*).

Exercices

1. Quelles sont les différences articulatoires entre /s/ et /ʃ/ ?
2. Les consonnes nasales sont-elles des plosives ? des occlusives ?
3. Quelles sont les consonnes anglaises qui n'existent pas en français ? Quelles sont celles dont le point d'articulation diffère des consonnes françaises qui leur ressemblent le plus ?
4. Transcrivez (entre barres obliques) les mots suivants (RP) : *asked, finger, singer, smiling, thing, think, plump, knowledge, acknowledge, indict, precise, possess, crescent, climb, glimpse, started, comfort, triumph.*
5. Quels sont les modes et les points d'articulation des consonnes suivantes : /m/, /s/, /tʃ/, /f/, /k/ ?

3

LE SYSTÈME VOCALIQUE

1. Les propriétés des voyelles

Nous allons à présent examiner l'ensemble du système vocalique de l'anglais dans sa variété RP (= *Received Pronunciation*, voir ch. 1). Chaque **voyelle** (angl. *vowel*) sera revue en détail dans le chapitre 5. Les voyelles sont des sons voisés (= avec vibration des cordes vocales). Elles font partie des sonantes (voir ch. 2), et peuvent être définies comme ayant les deux propriétés suivantes : (a) lors de leur articulation, l'air passe librement, ce qui exclut tout composant « bruyant » (plosion ou friction) ; (b) elles sont toujours **syllabiques** (angl. *syllabic*), ce qui signifie qu'elle sont nécessairement le **sommet** (angl. *peak*) de leur syllabe. Le sommet d'une syllabe, qui en est l'élément indispensable, est le phonème le plus sonore de cette syllabe, le « pic » de sonorité : dans *cat* /kæt/, par exemple, le sommet de syllabe est /æ/.

Il est commode de classer les voyelles en fonction de l'opposition brèves/longues et de la présence ou absence de diphtongaison.

A. Voyelles **brèves** (angl. *short*) :
ɪ e æ ɒ ʊ ʌ ə

B. Voyelles **longues** (angl. *long*) :
monophtongues : iː ɑː ɔː uː ɜː
dipthongues : eɪ aɪ ɔɪ əʊ aʊ ɪə eə ʊə

Les deux points après un signe symbolisent la longueur. Les **diphtongues** (angl. *diphthongs*), symbolisées par un signe double, sont des voyelles qui changent de timbre en cours d'émission ; elles constituent un sous-ensemble des voyelles longues. Les voyelles non diphtonguées sont appelées **monophtongues** (angl. *monophthongs*), ou voyelles « pures ». Les voyelles brèves sont toutes des monophtongues.

On trouvera ci-après des exemples (en RP) pour chaque voyelle :

/ɪ/ : *sit, with, fit, ticket.*
/e/ : *set, net, let, jet, get.*
/æ/ : *cat, bat, bad, sat.*
/ɒ/ : *cot, cod, pot, lot.*
/ʊ/ : *look, good, put.*
/ʌ/ : *cup, but, love, come.*
/iː/ : *seat, meat, seem.*
/ɑː/ : *cart, car, far, father.*
/ɔː/ : *court, caught, sauce.*
/uː/ : *shoe, moon, soon, boot.*
/ɜː/ : *bird, fur, burn.*
/eɪ/ : *may, say, break.*
/aɪ/ : *tide, time, cry.*
/ɔɪ/ : *boy, oil, voice.*
/əʊ/ : *know, go, snow.*
/aʊ/ : *now, loud, town.*
/ɪə/ : *beer, mere, fear.*
/eə/ : *pair, bear, bare.*
/ʊə/ : *boor, moor, tour.*

Exemples avec /ə/, qui est toujours inaccentué, la syllabe accentuée étant précédée du signe ˈ (les lettres correspondant à /ə/ sont en gras) : ***a****ˈ bout*, ***a****ˈ gain*, ***A****ˈ meric****a***, *ˈ lett****er***, *ˈ parl****our***. La voyelle faible /ə/ est appelée **schwa** (angl. *schwa*).

2. Voyelles, accent, syllabe

En anglais, on ne peut pas séparer l'étude des voyelles de celle de l'accent. Quelques précisions sur ce que nous appelons **accent mineur** (voir ch. 1, §6) éclaireront ce point. L'anglais connaît deux procédés accentuels inverses : (a) un procédé positif, qui consiste à renforcer une syllabe en lui affectant un **accent majeur** ; (b) un procédé négatif, qui consiste à affaiblir une syllabe. Ce procédé négatif s'appelle **réduction** accentuelle (ou réduction vocalique). Les syllabes qui ne subissent aucun de ces processus sont porteuses d'un **accent mineur**. Prenons l'exemple de *chimpanzee*, qui se prononce /ˌtʃɪmpˌænˈziː/ ou /ˌtʃɪmpənˈziː/. Dans la variante /ˌtʃɪmpˌænˈziː/, la syllabe initiale et la finale ont chacune un accent majeur, et la deuxième syllabe est simplement non affaiblie, non réduite, avec préservation du timbre « fort » (æ) de la voyelle : on a l'accent mineur, c'est-à-dire l'absence de réduction (sans renforcement). Dans la variante /ˌtʃɪmpənˈziː/, la deuxième syllabe a subi une réduction, et la conséquence est que sa voyelle perd son timbre « fort » : à la place, on a la voyelle faible /ə/ (schwa). L'accent mineur peut donc se définir comme la préservation d'un timbre fort pour la voyelle, sans renforcement accentuel ni affaiblissement.

On observe le même phénomène en comparant *cartoon* /ˌkɑːˈtuːn/ et *saloon* /səˈluːn/. Dans les deux cas, seule la syllabe finale a un accent majeur, mais la première voyelle (/ə/) de *saloon* est faible (réduite), alors que la première voyelle (/ɑː/) de *cartoon* garde un timbre fort (accent mineur). Dans *cartoon*, les deux syllabes sont fortes ; dans *saloon*, seule la deuxième syllabe est forte.

En ce qui concerne la relation entre l'accent et les voyelles, il y a deux écueils (inverses) à éviter :
(a) il ne faut jamais prononcer un /ə/ (schwa) dans une syllabe forte, la faute la plus grave consistant à prononcer un schwa dans une syllabe porteuse d'un accent majeur ;
(b) il ne faut pas croire que toute syllabe sans accent primaire ou secondaire, c'est-à-dire sans accent majeur, a une voyelle faible (= réduite).

Du point de vue de la structure syllabique, on distingue les voyelles entravées et les voyelles libres. Une voyelle est **entravée** (angl. *checked*) si elle est suivie d'une ou plusieurs consonnes dans la même syllabe, comme la voyelle brève de *cat* /kæt/, et elle est **libre** (angl. *free*) si elle est finale de syllabe, comme la voyelle longue de *tree* /triː/. On peut représenter les deux types de syllabe[1] comme suit :

— syllabe à voyelle entravée = •(C)VC•
— syllabe à voyelle libre = •(C)V•
(C = une ou plusieurs consonnes ; V = voyelle)

Observons où se trouvent les limites de syllabe dans, par exemple, *rabbit* /ˈræb•ɪt/, *loving* /ˈlʌv•ɪŋ/, *discus* /ˈdɪsk•əs/ ('disque'), *discuss* /dɪˈskʌs/, *telephone* /ˈtel•ɪˌfəʊn/. Ces exemples montrent qu'en anglais les principes de syllabation diffèrent de ceux du français.

1. Le signe • et les signes accentuels indiquent les limites de syllabe.

Dans un mot anglais, plus l'accent d'une syllabe est fort, et plus cette syllabe attire à elle la ou les consonnes intervocaliques[1]. Notons aussi que si deux syllabes faibles se suivent, celle de gauche l'emporte et attire la ou les consonnes : *cinema* /'sɪn•əm•ə/.

Du point de vue accentuel, on peut classer les voyelles en trois sous-ensembles : (a) les voyelles **faibles par nature** ; (b) les voyelles qui peuvent être **fortes ou faibles**, selon les syllabes et les mots ; (c) les voyelles **fortes par nature**.

Rappelons qu'une voyelle est forte si elle est accentuée, c'est-à-dire si elle a au moins un accent mineur, et qu'elle est faible si elle n'a aucun accent (c'est-à-dire même pas l'accent mineur : voir ch. 1, §6).

La voyelle /ə/ (schwa) est la seule qui soit faible par nature : *above* /ə'bʌv/. Cette voyelle est le seul membre du sous-ensemble (a) ci-dessus. Les voyelles /ɪ/, /ʊ/, /iː/, /uː/, /əʊ/, qui peuvent être fortes ou faibles, forment le sous-ensemble (b). Exemples dans lesquels elles sont fortes : *bitter* /'bɪtə°/, *good* /gʊd/, *mean* /miːn/, *moon* /muːn/, *soap* /səʊp/. Exemples dans lesquels elles sont faibles : *rabbit* /'ræbɪt/ ; *stimulus* /'stɪmjʊləs/ ; *happy* /'hæpi(ː)/ (variante : /'hæpɪ/); *museum* /mju(ː)'ziːəm/. La diphtongue /əʊ/ peut être faible en finale de mot : *fellow* /'feləʊ/. Les voyelles autres que /ə/ et /ɪ/, /ʊ/, /iː/, /uː/, /əʊ/ sont toujours fortes par nature, et forment le sous-ensemble (c) ci-dessus. Exemple : la voyelle /æ/ de *cat* /kæt/ est forte par nature.

- Dans nos transcriptions /i(ː)/ et /u(ː)/ (ex. /'hæpi(ː)/), les parenthèses signalent qu'on a des variantes faibles (= inaccentuées) des phonèmes /iː/ et /uː/) avec une réalisation en général abrégée [i], [u]. En finale de mot, certains locuteurs prononcent /ɪ/ (= plus ouvert) à la place de /i(ː)/ (voir ch. 5, § 2-3).
- Dans les syllabes non finales de mot, les voyelles fortes sont très souvent entravées (= type •(C)VC•). Cela s'explique par l'attraction qu'elles exercent sur les consonnes (voir plus haut). Dans *lemon* /'lem•ən/ par exemple, la voyelle forte /e/, en attirant la consonne /m/, se retrouve entravée.

1. Cette « attraction » doit toutefois respecter les règles phonotactiques (voir ch. 1, §6).

• En finale de mot, on peut trouver comme voyelles libres (= type •(C)V•) :
— une voyelle longue forte : *see* /siː/, *pay* /peɪ/, *spa* /spɑː/ ;
— un /i(ː)/ faible : *happy* /'hæpi(ː)/ ;
— une voyelle brève faible : *America* /ə'merɪkə/.

En revanche, on ne trouvera pas de voyelle brève forte dans cette position. Ce fait se vérifie avec les brèves fortes par nature (voir plus haut), c'est-à-dire /e/, /æ/, /ɒ/, /ʌ/ : aucune de ces voyelles ne peut terminer un mot. Dans une syllabe finale (ou dans un monosyllabe), ces voyelles doivent « s'appuyer » sur une consonne, ce qui signifie qu'elles doivent être entravées (= type •(C)VC•). Exemples : *bad* /bæd/, *bed* /bed/.

3. Description des voyelles

Figure 1.

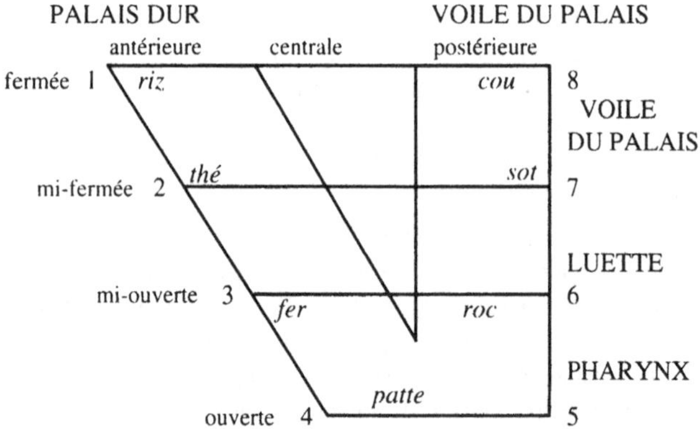

Les voyelles ne se laissent pas décrire de la même manière que les consonnes (en terme de modes et points d'articulation). Si l'on veut visualiser un système vocalique, il est commode de situer les voyelles les unes par rapport aux autres dans un **trapèze** comme celui de la figure 1.

Afin de mieux faire comprendre comment sont articulées les voyelles, nous avons indiqué dans ce trapèze (de manière simplifiée) l'emplacement du palais dur, du voile du palais, de la luette et du pharynx. Exemple : pour articuler le [i] du mot français *riz*, il faut relever la langue dans la région du palais dur.

Dans le trapèze, les numéros (de 1 à 8) indiquent la position de ce qu'on appelle les **voyelles cardinales** (angl. *cardinal vowels*). Les voyelles cardinales n'appartiennent à aucune langue en particulier : ce sont des points de repère universels, par rapport auxquels on peut situer les voyelles de n'importe quelle langue. Nous avons d'ailleurs placé dans le trapèze sept voyelles françaises (représentées chacune par un mot-clé), afin de donner une première idée de cette technique de description. Ce système a été conçu par le phonéticien anglais Daniel Jones. Le principe en est simple : dans la production de la voyelle 1 (= français *riz*), le dos de la langue est **avancé** et **relevé** au maximum vers le palais dur ; pour la voyelle 5 (plus profonde que celle du français *patte*), le dos de la langue est **abaissé** au maximum et **rétracté**, c'est-à-dire dirigé vers l'arrière de la bouche (pharynx) ; pour la voyelle 8 (proche du français *cou*), il est relevé et rétracté au maximum vers le voile du palais. Les autres numéros indiquent la position des autres voyelles cardinales. (Les sons produits doivent évidemment garder leurs propriétés vocaliques : passage libre de l'air, absence de bruit de friction.)

Localiser une voyelle dans le trapèze revient à dire comment placer la langue dans la bouche pour articuler cette voyelle. Il faut pour cela tenir compte de deux paramètres principaux, qui sont :

(a) horizontalement (de « antérieure » à « postérieure »), la position plus ou moins avancée ou rétractée du dos de la langue ;

(b) verticalement (de « fermée » à « ouverte »), la position plus ou moins haute ou basse du dos de la langue (= degré d'**aperture** (angl. *aperture*)).

• Sur l'axe horizontal (de gauche à droite), on distingue trois positions : deux positions extrêmes, qui sont la position **antérieure** (angl. *front*) et la position **postérieure** (angl. *back*), et une position intermédiaire, ou position **centrale** (angl. *central*). Une voyelle est antérieure si la partie antérieure du dos de la langue est avancée au niveau du palais dur, et elle est postérieure si la partie postérieure du dos de la langue est rétractée au niveau du voile du palais. Exemples (voyelles anglaises) : la voyelle /iː/ de *seat* est une voyelle antérieure, tandis que la voyelle /uː/ de *moon* et la voyelle /ɑː/ de *car* sont des voyelles postérieures.

• Sur l'axe vertical (de haut en bas), on distingue quatre degrés d'aperture : les degrés extrêmes sont désignés par les termes **fermée** (angl. *close*) et **ouverte** (angl. *open*) ; on a également deux degrés intermédiaires : **mi-fermée** (angl. *close-mid*) et **mi-ouverte** (angl. *open-mid*). Une voyelle est fermée si la langue se rapproche au maximum du palais dur ou du voile du palais, et elle est ouverte si la langue s'éloigne au maximum du palais dur ou du voile. Exemples : la voyelle /iː/ de *seat* et la voyelle /uː/ de *moon* sont des voyelles fermées, tandis que la voyelle /ɑː/ de *car* est une voyelle ouverte.

Il faut également tenir compte du rôle des **lèvres**. Les monophtongues /uː/ (ex. *soon*), /ʊ/ (ex. *put*), /ɔː/ (ex. *law*), et /ɒ/ (ex. *cot*) sont articulées avec un **arrondissement des lèvres** (angl. *lip rounding*). Ce sont des voyelles **labialisées** (angl. *labialized*) ou **arrondies** (angl. *rounded*). Les diphtongues /əʊ/ et /aʊ/ ont une phase finale labialisée, et la diphtongue /ʊə/ a une phase initiale labialisée. Les autres voyelles sont **non labialisées** ou **non arrondies** (angl. *unrounded*).

• Dans la production des voyelles non arrondies et relativement fermées, comme /iː/ et /ɪ/, les lèvres sont **étirées** (angl. *spread*).

• Phonétiquement, plus une voyelle arrondie est ouverte et moins sa labialisation est forte : de toutes les voyelles arrondies, la voyelle /ɒ/, très ouverte, est donc celle dont la labialisation est la plus faible.

4. Système vocalique : monophtongues

Nous allons à présent placer dans le trapèze les voyelles anglaises brèves et longues non diphtonguées (= monophtongues : voir §1). Précisons tout de suite que prononcer une voyelle anglaise à la manière d'une voyelle française que l'on croirait ressemblante signifierait automatiquement mal la prononcer. En effet, si on compare les positions des voyelles anglaises avec celles des sept voyelles françaises placées dans la figure 1 (voir plus haut), on s'aperçoit qu'aucune ne correspond vraiment totalement à une voyelle française :

Figure 2.

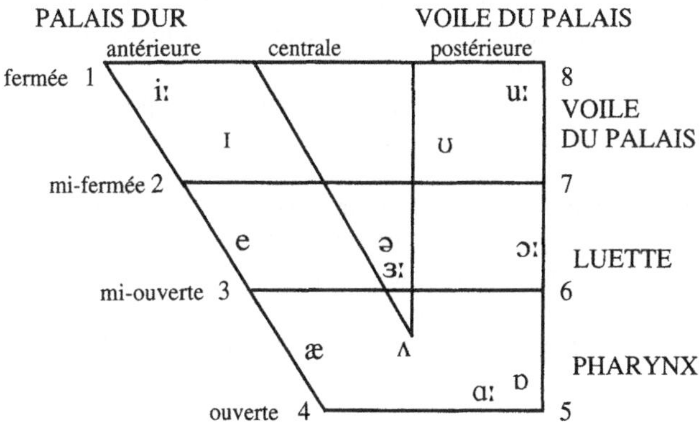

Pour les couples /iː/–/ɪ/, /uː/–/ʊ/, et /ɔː/–/ɒ/, la qualité des voyelles (= position exacte de la langue, jeu des lèvres) est plus importante que la différence de longueur lors du processus de reconnaissance des phonèmes par l'auditeur. Par exemple, ce qui différencie *seat* /siːt/ de *sit* /sɪt/, c'est avant tout le caractère plus fermé et plus antérieur de la voyelle de *seat*, opposé au caractère plus ouvert et plus centralisé de celle de *sit*. Le même type d'observation vaut pour les voyelles de *fool* /fuːl/ et *full* /fʊl/ : la voyelle du premier est plus fermée et plus postérieure que celle du second. La voyelle de *cord* /kɔːd/ est plus longue que celle de *cod* /kɒd/, mais elle est surtout moins ouverte. Enfin, la voyelle postérieure de *cart* /kɑːt/ est plus ouverte et plus profonde que la voyelle antérieure de *cat* /kæt/.

Ajoutons que /iː/ et /uː/, traditionnellement classées comme monophtongues, sont en fait légèrement diphtonguées : /iː/ = [ɪi], /uː/ = [ʊu]. Cette diphtongaison rend ces voyelles nettement différentes des voyelles françaises de *riz* et de *cou*.

5. Système vocalique : diphtongues

Les diphtongues sont des voyelles complexes caractérisées par un **glissement** (angl. *glide*) d'un timbre vocalique à un autre. Le début d'une diphtongue est par définition différent de sa partie finale. Les diphtongues peuvent se classer comme suit, en fonction du type de glissement :

(a) diphtongues fermantes, avec glissement vers un timbre relativement fermé : /eɪ aɪ ɔɪ əʊ aʊ/ ;

(b) diphtongues à mouvement vers le centre du trapèze : /ɪə eə ʊə/.

Les diphtongues fermantes se subdivisent à leur tour en deux sous-classes :

— diphtongues glissant vers un timbre de type /ɪ/ : /eɪ aɪ ɔɪ/ ;

— diphtongues glissant vers un timbre de type /ʊ/ : /əʊ aʊ/.

Dans les trapèzes ci-après, le cercle indique le timbre de départ et la flèche indique à la fois le glissement et le timbre final ou « cible ». La cible du glissement n'est pas une voyelle totalement fermée dans le cas des diphtongues fermantes (/eɪ aɪ ɔɪ əʊ aʊ/).

Figure 3. Diphtongues /eɪ aɪ ɔɪ/
Ex. : *pay* /peɪ/, *time* /taɪm/, *boy* /bɔɪ/

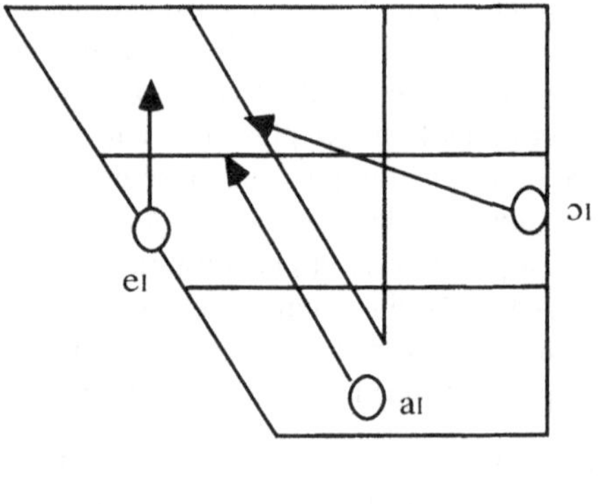

Figure 4. Diphtongues /əʊ aʊ/.
Ex. : *go* /gəʊ/, *now* /naʊ/

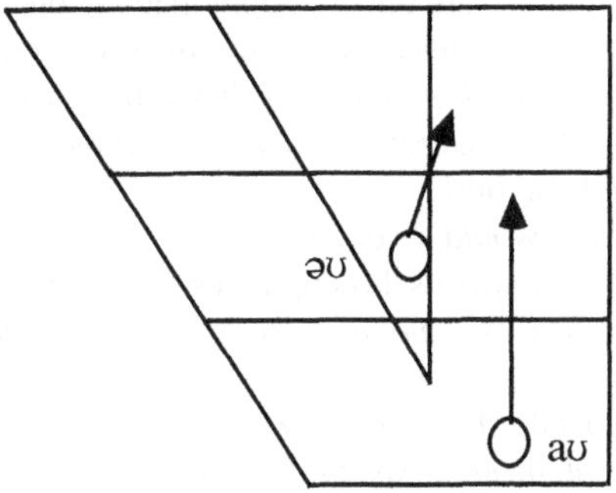

Figure 5. Diphtongues /ɪə eə ʊə/.
Ex. : *beer* /bɪə°/, *bear* /beə°/, *tour* /tʊə°/.

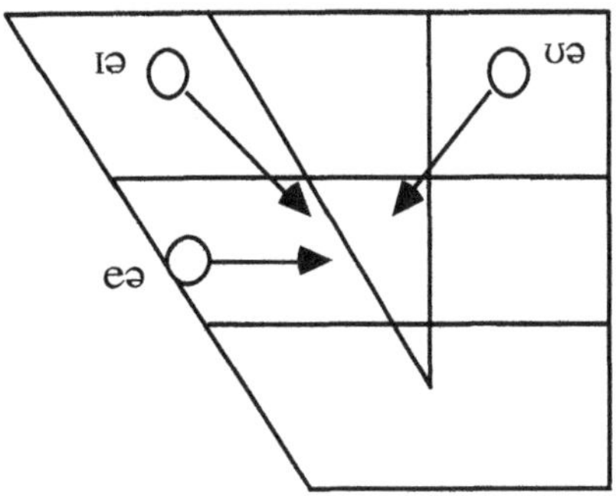

Exercices

1. Expliquez la différence entre une monophtongue et une diphtongue.
2. Quels sont les paramètres nécessaires pour décrire une voyelle ?
3. Comparez la voyelle de *sit* avec les voyelles cardinales N°1 et N°2.
4. Quelles sont les différences entre la voyelle de *peak* et celle de *pick* ?
5. Décrivez la voyelle de *bird.*
6. Transcrivez les mots *would, could, should.*
7. Les couples suivants sont-ils homophones (= même prononciation) en RP : (a) *would, wood* ; (b) *colonel, kernel* ; (c) *peat, pit* ; (d) *port, pot* ; (e) *sauce, source* ?
8. Transcrivez la voyelle des mots suivants : *good, moon, grouse, tough, mint, pint, great, meat, meet, break, brake, streak, steak, leak, cough, off.*
9. Transcrivez les mots suivants : *lieutenant, morning, woman, enough, smoke, fowl, foul, fair, Mary, marry, merry, stopped, moped, Penelope, antelope, patted, registered, registering, refrigerator, bowl, bough.*
10. Quelle est la propriété commune aux voyelles /ɒ ɔː ʊ uː/ ?

LES CONSONNES ET LEURS RÉALISATIONS

Ce chapitre et le suivant étudient la question des réalisations phonétiques (= prononciations) exactes des phonèmes. Il s'agit notamment de savoir quels sont les **allophones** (voir ch. 1, §3) des phonèmes dans les différents **contextes** où ils apparaissent.

1. LES PLOSIVES

Les plosives non voisées sont /p/, /t/ et /k/ et les plosives voisées sont /b/, /d/ et /g/. Considérons tout d'abord le point d'articulation. De ce point de vue, ce sont les consonnes /t/ et /d/ qui méritent davantage d'attention. En effet, en anglais ce sont des consonnes **alvéolaires**, et non des dentales comme les consonnes françaises de *thé* ou *dé* : elles sont donc articulées un peu plus en arrière que les consonnes françaises en question. Ce point est très important, car il entraîne une différence acoustique.

Les consonnes /t, d/ ont un allophone de base qui est alvéolaire, mais leur point d'articulation est déplacé dans certains contextes. Ces processus automatiques sont des cas d'**assimilation** (angl. *assimilation*) de point d'articulation. Avant une fricative (inter)dentale la prononciation devient dentale. Ex. : *eighth* /eɪtθ/. La consonne /θ/ articulée plus en avant que la zone alvéolaire attire la consonne /t/ vers son point d'articulation dental. De la même façon, lorsque /t/ et /d/ précèdent un /r/, qui est post-alvéolaire, c'est-à-dire articulé un peu en arrière de la zone proprement alvéolaire, ces plosives sont attirées vers la région du /r/ et ont alors un allophone post-alvéolaire. Ex. : *try* /traɪ/.

Pour ce qui est de l'énergie articulatoire et de la phonation, les allophones des plosives non voisées méritent quelques remarques importantes. Tout d'abord, étant « fortis » (voir ch. 2, §5), ces consonnes sont, d'une manière générale, articulées avec davantage d'énergie que leurs partenaires voisées, et, surtout, elles sont **aspirées** (angl. *aspirated*) quand elles sont en position initiale de syllabe forte (= accentuée), comme dans *pin* /pɪn/, *top* /tɒp/, *core* /kɔː°/. (Cette aspiration n'affecte pas les plosives voisées.) L'aspiration, inconnue du français, peut se décrire comme suit : entre le relâchement de la plosive et l'attaque de la voyelle qui la suit, on expulse un souffle énergique et le début de la voyelle est également non voisé. Voici des transcriptions plus étroites (voir ch. 1, §4) de nos trois exemples : [pʰɪn], [tʰɒp], [kʰɔː]. Une réalisation trop « douce » de /p/, /t/, /k/ quand le contexte exige que la plosive non voisée soit prononcée avec énergie dénote un « accent étranger », et risque même de la faire interpréter comme une plosive voisée (b d g).

Lorsque les plosives non voisées ne sont pas initiales de syllabe, elles ne connaissent normalement pas l'aspiration, que la syllabe soit forte ou faible. Ainsi dans *write* /raɪt/, *writer* /ˈraɪt•ə°/ le /t/ n'est pas aspiré en parler courant. Exemples dans des syllabes fortes où la plosive (non aspirée) est précédée de /s/ : *spin*, *stop*, *score*, prononcés [spɪn], [stɒp], [skɔː] (comparez avec [pʰɪn], [tʰɒp], [kʰɔː]). De même, le /k/ n'est pas aspiré dans *mistake*, car la limite de syllabe passe avant le /s/ : [mɪˈsteɪk].

Les plosives peuvent être suivies d'une approximante (l, r, j, w) dans la même syllabe : *play*, *please*, *cry*, *quick*, *cue* (/pleɪ/, /pliːz/, /kraɪ/, /kwɪk/, /kjuː/). Dans ce type de contexte, et plus spécialement en syllabe forte, la plosive non voisée entraîne un dévoisement de /l/, /r/, /j/, /w/. Ce dévoisement est en fait le même que celui qui affecte les voyelles après une plosive aspirée (voir plus haut).

Le dévoisement est plus fort quand la plosive non voisée est initiale de syllabe : il est plus fort dans *pray* que dans *spray*. Cet effet sur l'approximante peut aller jusqu'à la transformer en fricative en syllabe accentuée ; exemples : *play*, *plot*, *pray*, *try*, avec réalisation fricative (bruit de friction) de /l r/. Pour bien prononcer ces syllabes, il faut réaliser la plosive avec davantage d'énergie qu'en français.

Graphies :

• Les phonèmes /p/ et /b/ ont régulièrement comme correspondants graphiques ***p***, ***pp*** et ***b***, ***bb***. Exception : *hiccough* /ˈhɪkˌʌp/. Le ***p*** est muet à l'initiale avant /n/, /s/, /t/, pour des raisons phonotactiques (voir ch. 1, §5). Exemples : *psalm* /sɑːm/, *psychology* /ˌsaɪˈkɒlədʒi(ː)/, *psychiatry* /ˌsaɪˈkaɪətri(ː)/, *Ptolemy* /ˈtɒləmi(ː)/, *pneumonia* /nju(ː)ˈməʊni(ː)ə/, *pneumatic* /nju(ː)ˈmætɪk/. Le ***p*** est également muet dans les mots suivants : *receipt* /rɪˈsiːt/, *raspberry* /ˈrɑːzbəri(ː)/), *cupboard* /ˈkʌbəd/, *corps* /kɔː°/. Le mot *empty* se prononce /ˈemti(ː)/ ou /ˈempti(ː)/. La lettre ***b*** est muette en fin de mot après /m/ (règle phonotactique). Exemples : *limb*, *comb*, *tomb*, *thumb*, *lamb*, *climb*, *dumb*, *womb*, *bomb*, *numb*, *crumb*. Si elle est muette en finale, elle le reste quand on ajoute une terminaison grammaticale (= -S, -ED, -ING) ; ex. ***b*** est muet dans *climb*, mais aussi dans *climbs*, *climbed*, *climbing* ; ainsi, les mots suivants ont un ***b*** muet : *numb*, *numbing*, *numbed*. À l'intérieur du mot, ***b*** est muet dans *debt*, *debtor*, *subtle*, *subtlety*, *doubt*, *doubtful*, *plumber*, *crumby*. Attention à la prononciation de *comb* /kəʊm/, *tomb* /tuːm/, *womb* /wuːm/ ; *bomb* et *bomber* se prononcent /bɒm/, /ˈbɒmə/.

• Les phonèmes /t/ et /d/ ont comme correspondants graphiques ***t***, ***tt*** et ***d***, ***dd***. Exceptions : *thyme*, *Thomas*, *Thames*, *Anthony*, *Thom(p)son*, mots dans lesquels ***th*** = /t/. Le ***t*** est muet dans *soften*, *listen*, *fasten*, *hasten*, *chasten*, *christen*, *glisten*, *moisten*, *chestnut*, *Christmas*, *castle*, *bristle*, *ostler*, *mistletoe*, *whistle*, *apostle*, *epistle*, *bustle*, *gristle*, *hustle*, *jostle*, *rustle*, *wrestle*, *nestle*, *thistle*, *mortgage*, *waistcoat*, et aussi en finale dans *ballet*, *chalet*, *buffet*, *bouquet*, *cabaret*, *haricot*, *depot*, et d'autres mots en ***et*** ou ***ot*** d'origine française. L'adverbe *often* a deux variantes : /ˈɒf•n/ (avec un /n/ syllabique : voir §6) ou /ˈɒftən/. Le ***d*** est muet dans : *Wednesday* /ˈwenzˌdeɪ/, *landlord*, *landlady*, *landscape*, *handsome*, *handkerchief* /ˈhæŋkətʃɪf/, *grandfather*, *grandmother* (et autres termes de parenté avec *grand-*).

• La terminaison grammaticale verbale -ED (prétérit, participe passé) se prononce : /d/ après une voyelle ou une consonne voisée (autre que /d/) ; /t/ après une consonne non voisée (autre que /t/) ; /ɪd/ après /t, d/. Exemples : *killed* /kɪld/, *jumped* /dʒʌmpt/, *started* /ˈstɑːtɪd/.

• Le suffixe -ED se prononce /ɪd/ dans certains adjectifs, même après une consonne autre que /t/ ou /d/. Exemples : *aged* (dans le sens de 'très âgé'), *beloved, cursed, crooked, blessed, dogged, ragged, rugged, wretched, learned* ('savant')[1]. Attention à *wicked* /'wɪkɪd/, *naked* /'neɪkɪd/, *sacred* /'seɪkrɪd/. On a aussi la prononciation /ɪd/ quand -ED est suivi d'un autre suffixe : *markedly, markedness, well-formedness, advisedly, assuredly* ; on a /ɪd/ dans certains composés comme *three-legged* /ˌθriː'legɪd/ (var. : /ˌθriː'legd/). Cependant, de nombreux composés suivent la règle générale : *two-faced* = /ˌtuː'feɪst/, *two-edged* /ˌtuː'edʒd/, *one-armed* = /ˌwʌn'ɑːmd/.

• Le phonème /k/ a différentes graphies : ***k*** (*kind*), ***c*** (*cow*), ***qu*** (*conquer*), ***ch*** (*stomach, chemist, character, scheme, ache, chaos*), ***ck*** (*sick*) ; à /g/ correspondent ***g***, ***gg***, ***gh*** (*ghost*). Les lettres ***k*** et ***g*** sont muettes dans certains contextes, car les phonèmes /k/ et /g/ ne peuvent pas être suivis d'une nasale dans la même syllabe (= règle phonotactique) ; exemples : *knee, kneel, knell, knife, knight, know, unknown, knowledge, knave, knit, knock, knot, knuckle, gnarled, gnat, gnash, gnaw, gnome, sign, resign, align, assign, design, malign, benign, deign, feign, reign, diaphragm, phlegm, paradigm* /'pærəˌdaɪm/ ; une plosive vélaire peut toutefois être suivie d'une nasale si une limite de syllabe peut les séparer ; exemples : *signature* /'sɪg•nətʃə°/, *resignation, phlegmatic, acknowledge, agnostic, paradigmatic* /ˌpærədɪg'mætɪk/.

Toutefois, l'addition d'un suffixe grammatical comme -ING ne modifie jamais la prononciation de la forme de base avec lettre muette : *resigning* = /rɪ'zaɪnɪŋ/ (*resign* = /rɪ'zaɪn/) ; de même, le suffixe agentif -ER laisse intacte la prononciation de la base à laquelle il est ajouté : *designer* = /dɪ'zaɪnə/ (*design* = /dɪ'zaɪn/).

Mots dangereux : *foreign* /'fɒrən/, *Foreign Office* /'fɒrənˌɒfɪs/, *foreigner* /'fɒrənə°/, *sovereign* /'sɒvrɪn/, *victuals* /'vɪt•lz/, *indict* /ɪn'daɪt/, *indictment* /ɪn'daɪtmənt/, *corpuscle* /'kɔːpˌʌs•l/, *muscle*, avec ***c*** muet (mais

1. Attention : il ne faut pas confondre l'adjectif *learned* /'lɜːnɪd/ avec le prétérit/part. passé de *learn* : variante irrégulière *learnt* /lɜːnt/, variante régulière *learned* /lɜːnd/ (parfois prononcée aussi /lɜːnt/).

prononcé dans *corpuscular, muscular*). Le ***u*** est muet dans *guard, guardian, guarantee, guerilla, guess, guest, guide, guillotine, guild, guile, guilt, guilty, guinea, guinea-pig, guitar.*

Entraînement :

Prononcez les mots suivants : *pin, bin, tin, din, card, guard, play, pray, tray, dry, please, quick, cute, try, train, drain, crawl, creep, pub, bulb, pick, kick, tick, bike, get, dead.*

L'**occlusive glottale** (angl. *glottal stop*), transcrite [ʔ], n'a pas statut de phonème en RP. L'occlusion a lieu au niveau des cordes vocales, et non pas dans la cavité buccale comme pour les autres plosives. La pression de l'air subglottal (= en dessous de la glotte) est brusquement relâchée par la séparation des cordes. L'utilisation expressive de [ʔ] peut être illustrée par la phrase *It's awfully good.* Soit on prononce cette phrase sans limite marquée entre les mots, soit on utilise la glottale comme signe démarcatif, séparant nettement le [s] de la voyelle accentuée qui suit : *it's* [ʔ] *awfully good.* Cet usage de [ʔ] est en général lié à une prononciation emphatique (mise en valeur). La glottale peut aussi apparaître (de manière variable) dans la partie finale de la syllabe, entre une voyelle et une plosive non voisée ou (plus souvent) /tʃ/. Ex. : *catch* = [kʰæʔtʃ], *hopeless* = ['həʊʔpləs]. Il ne faut pas confondre les usages qui viennent d'être décrits avec le remplacement complet d'une plosive non voisée, le plus fréquemment [t], par [ʔ] en fin de syllabe, après une sonante. Ex. : *water* ['wɔːʔə], *mutton* ['mʌʔ•n]. Cet usage est régionalement et/ou socialement marqué, et ne doit pas être imité. D'une manière générale, [ʔ] n'est jamais obligatoire.

2. Les affriquées

L'anglais a deux affriquées dans son système : /tʃ/ et /dʒ/. Leur point d'articulation, totalement identique à celui des fricatives /ʃ, ʒ/, est situé plus en arrière que celui des consonnes françaises /t, d/. On a affaire à des consonnes palato-alvéolaires dès leur phase initiale.

Les séquences de deux phonèmes /tr/ et /dr/ ne se confondent certes pas avec les affriquées /tʃ/ et /dʒ/, mais elles en sont acoustiquement très proches. Exemple : la prononciation de *train* est différente, mais assez proche de celle de *chain*. Les groupes /tr/ et /dr/ sont prononcés avec un /t/ et un /d/ post-alvéolaires, et avec un allophone fricatif de /r/ (voir §7), ce qui explique la ressemblance avec /tʃ/ et /dʒ/. Exemples : *try*, *dry*. En outre, dans le groupe /tr/, le /r/ est complètement dévoisé, ce qui est dû à l'énergie avec laquelle la plosive /t/ est articulée (voir plus haut). Pour articuler correctement les groupes /tr/ et /dr/, on peut partir des affriquées /tʃ/ et /dʒ/, puis rétracter la pointe de la langue et creuser le dos de la langue.

Graphies :

Le phonème /tʃ/ correspond à ***ch*** (*church*), ***tch*** (*butcher*), ***t*** avant ***ur***, ***ure***, ***eous*** (*century*, *temperature*, *picture*, *literature*, *righteous*), ***t*** après ***s*** et avant ***ion*** (*question*). La graphie ***ch*** correspond aussi (plus rarement) à /k/ (voir plus haut) ou à /ʃ/ (voir plus loin). Le phonème /dʒ/ correspond à diverses graphies : ***j*** (*jam*), ***g*** (*gin*), ***dg*** (*midget*), ***gg*** (*suggest*), ***dj*** (*adjust*). À noter aussi *soldier* /ˈsəʊldʒə°/. Mots dangereux : *gaol* (= *jail*), prononcé /dʒeɪl/, *Greenwich* /ˈgrenɪtʃ/, *spinach* /ˈspɪnɪdʒ/. *Sandwich* se prononce /ˈsænwɪdʒ/ ou /ˈsænwɪtʃ/ (notons aussi le ***d*** muet).

Entraînement :

Prononcez les mots suivants : *chain*, *jam*, *chin*, *jingle*, *church*, *challenge*, *chicken*, *jealous*, *June*, *July*, *join*, *jungle*, *choke*, *chop*, *train*, *drain*, *drill*, *draw*, *trill*, *treble*, *trumpet*, *trousers*.

3. Les fricatives

L'anglais a neuf fricatives : /f v θ ð s z ʃ ʒ h/. Seules les fricatives interdentales /θ ð/ et la glottale /h/, inexistantes en français, posent de réels problèmes de production. Rappelons que les fricatives non voisées /f θ s ʃ/, étant « fortis », sont prononcées avec plus d'énergie que leurs contreparties voisés /v ð z ʒ/, qui sont « lenis » (voir ch. 2, §5). Ce point est important pour bien différencier /θ/ de /ð/.

Pour produire les interdentales (= graphie ***th***), il faut que la pointe de la langue entre en contact avec le bord des incisives supérieures, donc bien plus en avant que pour les sibilantes /s/ et /z/. L'air doit s'échapper entre la langue et les incisives. La partie antérieure de la langue reste relativement plate, alors que pour les sibilantes elle est creusée en sillon.

Le bruit de friction de /θ/ et /ð/ n'est pas sifflant : il est beaucoup plus faible que pour /s/ et /z/, et son intensité est à peu près la même que pour /f/ et /v/. Le francophone doit, afin d'éviter tout risque de confusion, bien prendre soin de prononcer /θ/ et /ð/ différemment à la fois des sibilantes /s z/ et des labio-dentales /f v/. (Les lèvres ne jouent strictement aucun rôle dans la production de /θ/ et /ð/.) Il faut également éviter de prononcer la fricative voisée /ð/ comme un /d/. Comparez les mots des paires suivantes : *sick*, *thick* ; *fin*, *thin* ; *worse*, *worth* ; *breed*, *breathe*.

Graphies :

• Les interdentales /θ/ et /ð/ s'écrivent toujours toutes deux ***th***. La graphie ne les distingue donc pas. On observe que ***th*** (avant voyelle) correspond régulièrement à /ð/ à l'initiale des mots grammaticaux (articles, démonstratifs, adverbes, pronoms, conjonctions, etc.) et de leurs dérivés. Exemples : *the*, *this*, *that*, *there*, etc. Dans les autres cas, on a toujours /θ/ à l'initiale. Avant /r/, on a /θ/ : *arthritis* /ˌɑːˈθraɪtɪs/. La préposition ou adverbe *through* /θruː/ suit la règle du groupe ***thr*** (comparez avec *though* /ðəʊ/, qui a /ð/). Notez que dans *rhythm* /ˈrɪðəm/, la voyelle /ə/ (très brève) s'intercale entre /ð/ et /m/. On prendra soin de ne pas confondre *breath* /breθ/ et *breathe* /briːð/, ainsi que *bath* /bɑːθ/ et *bathe* /beɪð/. (On constate que ***th*** suivi de ***e*** final a la valeur /ð/.) Attention aussi à *north* /nɔːθ/, *south* /saʊθ/, *worth* /wɜːθ/, qu'on opposera à *northern* /ˈnɔːð•n/, *southern* /ˈsʌð•n/, *northerly* /ˈnɔːðəli(ː)/, *southerly* /ˈsʌðəli(ː)/, *worthy* /ˈwɜːði(ː)/. Certains noms qui se terminent par /θ/ au singulier ont /ðz/ au pluriel : *path*, *paths*, *bath*, *baths*, *mouth*, *mouths*, etc. La graphie ***th*** correspond à /t/ dans quelques mots (voir plus haut : *thyme*, etc.).

• Les labio-dentales ne posent guère de problèmes graphiques. La non voisée /f/ s'écrit ***f***, ***ff***, ***ph***, et aussi parfois ***gh***. Exemples : *enough*, *cough*, *trough*. La consonne /v/ s'écrit en général ***v***. On a toutefois ***ph*** dans

Stephen /'sti:v•n/ ; *nephew* a deux variantes, une (plus usuelle) avec /f/ et une avec /v/ (/'nef,ju:/, /'nev,ju:/). La forme forte de *of* est /ɒv/ et sa forme faible est /əv/ (voir ch. 1, §6) ; il faut distinguer *of*, avec la consonne /v/, de *off* /ɒf/, avec la consonne /f/. Rem. : *off* n'a pas de forme faible.

Entraînement (le /θ/ non voisé est indiqué par la graphie ***th*** en gras) :

Prononcez les mots suivants : ***th****in*, *then*, ***th****ank*, ***th****ink*, *this*, *that*, *these*, *those*, ***th****ief*, ***th****ought*, *though*, *au****th****or*, *brea****th***, *breathe*, *Ar****th****ur*, *no****th****ing*, *father*, *leather*, *grow****th***, *fai****th***, *mou****th***, *ba****th***, *bathe*, *dea****th***, *my****th***, *mo****th***, ***th****rough*, ***th****orough*, *heathen*, *heather*, *hea****th***.

Distinguez bien /θ ð/ des labio-dentales, des sibilantes et de /d/ (/θ/ non voisé = ***th*** en gras, comme ci-dessus) : ***th****in*, *fin*, *sin*, ***th****ree*, *free*, ***th****rill*, *frill*, ***th****ick*, *sick*, *then*, *den*, ***th****irty*, *forty*, *brother*, *lover*, *bo****th***, *cough*, *dea****th***, *deaf*, *breeze*, *breathe*, *rise*, *writhe*, *closing*, *clothing*, *neither*, *never*, *sink*, ***th****ink*, *moss*, *mo****th***, *four****th***, *force*.

Entraînez-vous à passer de /θ/ à /s/ dans *months* /mʌnθs/, et de /ð/ à /z/ dans *clothes* /kləʊðz/, prononcé avec une seule syllabe.

La production des sibilantes ne pose guère de problème. Comme en français, les palato-alvéolaires /ʃ/ et /ʒ/ sont souvent articulées avec un léger arrondissement des lèvres. Notons que la palato-alvéolaire voisée /ʒ/ n'apparaît pas en début de mot ; on la trouve entre voyelles : *pleasure* /'pleʒə°/, *measure* /'meʒə°/, *leisure* /'leʒə°/, ou, plus rarement, en fin de mot : *rouge* /ru:ʒ/, *garage* /'gær,ɑ:ʒ/ (variantes : /'gær,ɑ:dʒ/, /'gærɪdʒ/, /gə'rɑ:ʒ/, /gə'rɑ:dʒ/). Il faut évidemment distinguer les fricatives /ʃ/ et /ʒ/ des affriquées /tʃ/ et /dʒ/, qui ont le même point d'articulation palato-alvéolaire. Opposez bien *match* /mætʃ/, avec affriquée, et *smash* /smæʃ/, avec simple fricative. Notez que ***sh*** ne se prononce jamais /tʃ/.

La terminaison -(E)S pour le pluriel des noms et la 3e pers. du sing. du présent des verbes a trois prononciations : /z/ après une voyelle ou une consonne voisée autre que /z/, /dʒ/ ou /ʒ/ ; /s/ après une consonne non voisée autre que /s/, /ʃ/ ou /tʃ/ ; /ɪz/ après une sibilante. Ex. : *boys* /bɔɪz/, *pigs* /pɪgz/, *glasses* /'glɑ:sɪz/. Les règles sont les mêmes pour le 's du génitif.

Graphies :

• Le phonème /s/ s'écrit ***s***, ***ss***, ***c***, ***sc***. /z/ s'écrit ***z***, ***zz***, ***s***, ***ss***. De nombreux mots avec un seul ***s*** entre voyelles ont /s/. Ex. : *derisive*, *desolate*, *oasis* /ˌəʊ'eɪsɪs/. Dans les mots d'origine grecque avec la finale *sis*, on a /s/ : *analysis* = /ə'næləsɪs/. De même, *paradise* = /'pærəˌdaɪs/. Les préfixes (voir ch. 6, §8) DIS- et MIS- se prononcent toujours avec /s/ : *disapprove* = /ˌdɪsə'pru:v/, *disappear* = /ˌdɪsə'pɪə/ (mais *disease* = /dɪ'zi:z/). Autres mots à noter, dans lesquels ***s*** = /s/ et non /z/ : *asylum*, *comparison*, *base*, *basis*, *basic*, *basin*, *case*, *cease*, *chase*, *purchase*, *crusade*, *mason*, *nuisance*, *dose*, *overdose*, *increase*, *decrease*, *grease*, *grouse*, *lease*, *leasing*, *sausage*, *research*, *disappoint*, *crisis*. En revanche, on a /z/ dans les mots suivants : *resemble* /rɪ'zemb•l/, *pansy*, *parse*, *disastrous*, *gooseberry*[1] /'gʊzbəri(:)/, *raspberry* /'rɑ:zbəri(:)/, *cleanse* /klenz/, *clumsy*, *crimson*, *cosmos*, *cosmic*, *cosmetic*, *lens* /lenz/, pluriel *lenses* /'lenzɪz/, *observe* /əb'zɜ:v/, *observer* /əb'zɜ:və°/, *absolve* /əb'zɒlv/ (mais on a /s/ dans *obsess*, et plus souvent /s/ que /z/ dans *absorb*) ; *resource* = /rɪ'zɔ:s/ ou /rɪ'sɔ:s/ ; *Mars* (nom de la planète) se prononce /mɑ:z/. Dans certains mots le double ***ss*** correspond à /z/ ; ex. : *dissolve*, *scissors* ; le ***ss*** interne de *possess* /pə'zes/ se prononce /z/ également, tout comme celui de *dessert* /dɪ'zɜ:t/, 'dessert', homophone du verbe *desert*, 'déserter', alors que *desert*, 'désert', se prononce /'dezət/. Le verbe *close* ('fermer') se prononce avec /z/ ; l'adjectif et l'adverbe *close* ont /s/, et le nom *close* (*cf. come to a close*, *draw to a close*) a /z/. Les verbes *abuse*, *excuse* ont /z/, et les noms *abuse*, *excuse* ont /s/. Le verbe *refuse* /rɪ'fju:z/ a /z/, mais le nom *refuse* /'refˌju:s/ ('détritus') a /s/. Le nom *use* se prononce /ju:s/, alors que le verbe *use* ('utiliser') se prononce /ju:z/ ; l'adjectif *used* ('habitué') se prononce /ju:st/, et le verbe défectif *used to* se prononce /'ju:stə/. Le nom *house* se prononce /haʊs/, mais son pluriel est *houses* /'haʊzɪz/ ; le verbe *to house* a /z/. On opposera aussi l'adjectif *loose* /lu:s/ au verbe *lose* /lu:z/. La lettre ***x*** transcrit la séquence /ks/ ou /gz/ ; on a /ks/ dans, par exemple, *exercise*, *exodus*, *exile*, *execute*, *execution*, *explanation*, *exhibition ;* on a

1. Le mot *goose* se prononce /gu:s/.

souvent /gz/ avant une voyelle accentuée, comme dans *executive*, *exotic*, *auxiliary*, *exhibit*. Notez bien la valeur /ks/ dans des mots dont les équivalents français ont /gz/, ou inversement, ce qui peut être une source d'erreurs (ex. : *exercise* avec /ks/, *auxiliary* avec /gz/). Pour des raisons phonotactiques (voir ch. 1, §5), on ne peut avoir les séquences /ks/ et /gz/ à l'initiale : un ***x*** initial se prononce /z/ ; exemples : *xenophobia*, *Xanadu*. Pour les mêmes raisons, *czar* se prononce /zɑː°/ (mais *Czech* = /tʃek/). Le ***p*** et le ***s*** sont muets dans *corps*, au singulier, prononcé /kɔː°/ ; au pluriel, avec la même graphie, on a /kɔːz/. Il ne faut pas confondre ce mot avec *corpse* /kɔːps/. Le ***s*** est muet dans *aisle* /aɪl/, *isle* /aɪl/, *island* /ˈaɪlənd/, *viscount* /ˈvaɪˌkaʊnt/. *Schizo-* (*cf.* *schizophrenia*, etc.) se prononce /ˈskɪtsəʊ/. La graphie ***c*** correspond à /k/ dans *sceptic* /ˈskeptɪk/ et *Celt* /kelt/, *Celtic* /ˈkeltɪk/ (sauf pour le nom de l'une des équipes de football de Glasgow, prononcé /ˈseltɪk/).

- La principale graphie de /ʃ/ est ***sh*** (*shoe*). La valeur de base de ***ch*** est /tʃ/, mais ***ch*** correspond à /ʃ/ dans quelques mots (ex. : *champagne*, *Chicago*, *machine*, *moustache*, *chandelier*). Pour /ʃ/, on a aussi ***sch*** (*schist*), et toute une série de graphies complexes, dont voici des exemples : *sure*, *ocean* /ˈəʊʃ•n/, *mission*, *attention*, *conscience*, *special*, *anxious* /ˈæŋkʃəs/, *Asia* /ˈeɪʃə/ (variante : /ˈeɪʒə/), *luxury* /ˈlʌkʃəri(ː)/, etc. (*luxurious* = /ˌlʌˈgzʊəri(ː)əs/). Le phonème /ʒ/ peut avoir de nombreuses graphies, comme l'attestent les exemples *vision*, *measure*, *pleasure*, *leisure*, *garage*, *rouge*, *usual*, *decision*, etc.

Nous passons à présent à la glottale /h/, inconnue du français. Comparez les mots suivants : *ill*, *hill* ; *ear*, *hear* ; *old*, *hold*. Dans chaque paire, les deux mots ne se différencient que par l'absence ou la présence du phonème /h/ à l'initiale. Ce phonème a une distribution très limitée : il n'apparaît qu'en début de syllabe (initiale ou non), avant une voyelle. Pour prononcer correctement le /h/, il faut expulser l'air des poumons de façon à produire une légère friction glottale. Il s'agit d'un souffle qui passe entre les cordes vocales ouvertes. Le phonème /h/ emprunte toutes ses propriétés articulatoires à la voyelle qui le suit. Exemple : pour prononcer *heap* /hiːp/, les articulateurs sont en place pour la production de la voyelle /iː/ au moment où on prononce /h/.

Remarques : (a) la principale erreur des francophones consiste à omettre le /h/ là où il doit être prononcé ; (b) il faut certes prononcer le /h/, mais sans exagérer le bruit de souffle ; (c) il faut éviter de le prononcer là où il est absent : le défaut consistant à mettre des /h/ partout, à mauvais escient, est assez répandu chez les francophones qui ont la hantise de l'oublier là il faut le prononcer ! ; (d) /h/ est par nature non voisé, sauf entre deux voyelles comme dans *behind*, *ahead*, où une forme de voisement (au sens large du terme) est possible : les cordes vocales sont à peine séparées et laissent passer l'air, mais en même temps elles vibrent sans se fermer. En anglais, cette forme très spéciale de vibration des cordes est appelée *breathy voice*.

Graphie :

Le phonème /h/ s'écrit toujours ***h***, mais la lettre ***h*** est parfois muette.

Les mots *hour*, *heir*, *honour*, *honest*, ainsi que leurs dérivés, ont un ***h*** initial muet (dérivés : *hourly*, *heiress*, *heirless*, *heirloom*, *honourable*, *honourably*, *honorary*, *honorific*, *honestly*, *honesty*).

- En RP actuel, les mots comme *historical* /hɪ'stɒrɪk•l/ sont généralement prononcés avec /h/, malgré leur syllabe initiale faible ; la prononciation /ɪ'stɒrɪk•l/, sans /h/ (ex. : *an historical novel*), est devenue plus rare. Le mot de base, *history*, accentué sur l'initiale, ne connaît évidemment pas cette variation (il a toujours un /h/). Pour le mot *hotel*, la prononciation la plus fréquente est /ˌhəʊ'tel/ (avec /h/), même si on peut aussi entendre /ˌəʊ'tel/.
- L'élision (= chute) du /h/ est de règle pour les formes faibles (= réduites) des mots suivants (voir ch. 6) : *he*, *him*, *his*, *her*, *himself*, *herself*, *have*, *has*, *had*.

Mots avec ***h*** muet interne : *dishonest*, *annihilate* /ə'naɪəˌleɪt/, *shepherd*, *vehicle*, *exhibit*, *exhibition*, *exhaust*, *exhaustion*, *exhausted*, *exhort*, *exhilarate*, *vehement* ; *forehead* = /'fɒrɪd/ ou /'fɔːˌhed/ ; *perhaps* =/pə'hæps/ ou /p(ə)r'æps/.

Entraînement :

Opposez bien les mots sans /h/ initial et les mots avec /h/ initial : *arm*, *harm*, *ill*, *hill*, *edge*, *hedge*, *air*, *hair*, *art*, *heart*, *all*, *hall*.

Prononcez les mots suivants avec /h/ : *hail, hairy, half, holiday, holy, hamster, happy, harbour, hell, harvest, heat, heath, hemisphere, hero, heroic, history, home, hook, human, house, hydrogen.*

4. Les nasales

L'anglais a trois nasales : /m/, /n/, /ŋ/. Seule la troisième présente de réelles difficultés pour le francophone.

La bilabiale /m/ ne pose aucun problème. La nasale /n/ est alvéolaire, tout comme les plosives /t d/, alors que le /n/ français est dental. Comme /t/ et /d/, /n/ peut s'assimiler au contexte : il a un allophone dental avant une interdentale, comme dans *tenth* /tenθ/, et un allophone post-alvéolaire avant /r/, comme dans *Henry*. Avant /f/ ou /v/, comme dans *comfort, amphibian, infancy, information*, /m/ et /n/ peuvent, en parler rapide, avoir une réalisation labio-dentale [ɱ]. Il s'agit d'un cas classique d'assimilation de point d'articulation, mais qui entraîne (optionnellement) la confusion de deux phonèmes.

La nasale vélaire /ŋ/ (= ***ng*** dans *sing*, ***n*** dans *sink*) est plus difficile à produire. Comme pour les nasales /m/ et /n/, le voile du palais est abaissé afin de laisser l'air s'échapper par le nez, mais la difficulté vient précisément du fait que le point d'articulation est le voile du palais lui-même : le dos de la langue entre en contact avec le voile, comme pour les plosives /k/ et /g/.

Prenons les mots *think* et *finger* comme premiers exemples : /θɪŋk/, /ˈfɪŋgə°/. La nasale vélaire y est suivie d'une plosive vélaire (/k/ dans *think*, /g/ dans *finger*), donc de même point d'articulation. Dans ce type de contexte, la nasale /ŋ/ ne présente guère de difficulté, car il est naturel d'anticiper le point d'articulation de /k/ ou /g/ (assimilation).

Considérons à présent le mot *sing* /sɪŋ/. Cette fois la nasale vélaire est en position finale. Dans ce contexte, /ŋ/ est plus difficile à produire. Il faut essayer de mettre la langue dans la même position que pour /g/, et en même temps produire un « murmure » nasal comme pour /m/ ou /n/, en évitant surtout d'ajouter un /g/ après /ŋ/, car /ŋ/ ne doit jamais être suivi de

/g/ en fin de mot. Il existe un contexte dans lequel /ŋ/ est encore plus difficile à produire : il s'agit du contexte intervocalique, comme dans *singer* /ˈsɪŋə°/. Ici encore, il faut éviter d'ajouter un /g/ après /ŋ/.

- On comparera *singer* /ˈsɪŋə°/, sans /g/, et *finger* /ˈfɪŋgə°/, avec le groupe /ŋg/. C'est seulement en fin de mot, comme dans *sing*, que /g/ ne peut pas suivre /ŋ/, mais en position non finale on a deux possibilités (/ŋ/ ou /ŋg/) selon les mots (voir plus loin).
- Il ne faut pas confondre /ŋ/ avec le son qui correspond à ***gn*** en français, comme dans *montagne*. Cette consonne française est palatale, et non vélaire. Elle est donc beaucoup plus antérieure que /ŋ/. Opposez bien le français *signe* et l'anglais *sing*.
- Dans certains variétés régionales d'Angleterre (centre-ouest, région incluant les villes de Birmingham, Liverpool, Manchester), la graphie ***ng*** correspond toujours à une suite phonique [ŋg]. Les mots *sing*, *singing*, par exemple, y sont prononcés [sɪŋg], [ˈsɪŋgɪŋg]. Ces prononciations, qui sont fortement marquées sur le plan géographique, sont incorrectes en RP.

Graphies :

- /m/ s'écrit ***m***, ***mm***, et /n/ s'écrit ***n***, ***nn***. Notez que le ***n*** final est muet après ***m*** (pour des raisons phonotactiques : voir ch. 1, §5) : *solemn*, *hymn*, *autumn*, *condemn*, *column*, *damn*. Il est cependant prononcé dans les dérivés *solemnity*, *hymnal*, *autumnal*, *condemnation*, *columnist*, *damnation*. Il reste muet dans les différentes formes grammaticales d'un même lexème : *damned* /dæmd/, *damning* /ˈdæmɪŋ/. Le ***m*** initial est également muet dans *mnemonic*. Le ***m*** final post-consonantique dans des mots comme *prism*, *rhythm* est précédé de /ə/ : /ˈrɪðəm/. Le suffixe -ISM se prononce /ˌɪzəm/ : *magnetism* /ˈmægnəˌtɪzəm/.
- La nasale vélaire /ŋ/ s'écrit ***ng*** (*sing*), ou ***n*** avant une autre vélaire (*think*). La question est plutôt de savoir quand ***ng*** se lit /ŋ/ et quand il se lit /ŋg/.

  — Quand ***ng*** est final de mot, on a toujours /ŋ/ sans /g/ : *sing*, *long*, etc.

  — À l'intérieur du mot, si ***ng*** n'est pas suivi immédiatement d'un suffixe, on a deux cas :

(a) /ŋg/ avant voyelle ou /l r w/ : *finger* /ˈfɪŋgə°/, *anger* /ˈæŋgə°/, *angry*, *anguish*, *angler*, *Anglia*, *England* (exceptions : *hangar* /ˈhæŋə°/, *dinghy* /ˈdɪŋi(ː)/) ;
(b) /ŋ/ avant les autres consonnes : *anxiety* /ˌæŋˈzaɪəti(ː)/, *Springsteen* /ˈsprɪŋˌstiːn/.
— Quand ***ng*** est suivi d'une terminaison grammaticale, on a toujours /ŋ/ (sans /g/), sauf si cette terminaison est le comparatif (-ER) ou le superlatif (-EST) ; comparez : (a) *sings* /sɪŋz/, *singing* /ˈsɪŋɪŋ/, *banged* /bæŋd/, *things* /θɪŋz/ ; (b) *longer* /ˈlɒŋgə°/, *longest* /ˈlɒŋgɪst/ (*long* =/lɒŋ/).
— Dans les dérivés, on a /ŋ/ quand ***ng*** est suivi d'un suffixe neutre (voir ch. 6, §6), comme -FUL, -LESS, -ISH, -NESS ou le suffixe agentif -ER : *singer* /ˈsɪŋə°/, *meaningless* /ˈmiːnɪŋləs/, *longish* /ˈlɒŋɪʃ/. Notez aussi ***ng*** avant le suffixe -TH : *strength* /streŋθ/, *length* /leŋθ/ (variantes : /leŋkθ/, /streŋkθ/).

Entraînement :

Mots dans lesquels /ŋ/ est suivi de /k/ ou /g/ : *finger*, *longer*, *anger*, *angry*, *monkey*, *think*, *single*, *donkey*, *uncle*.

Mots dans lesquels /ŋ/ est final : *sing*, *sang*, *sung*, *song*, *thing*, *wrong*, *ring*, *long*, *tongue*, *bring*, *hang*, *among*, *strong*.

Mots dans lesquels /ŋ/ est intervocalique : *singer*, *hanger*, *hangar*.

Mots dans lesquels il est suivi d'une consonne autre que /k/ ou /g/ : *sings*, *things*, *meaningful*.

Mots avec deux occurrences de /ŋ/ : *singing*, *bringing*, *thinking*, *hanging*.

5. La consonne latérale /l/

Les deux allophones principaux de /l/ sont ce qu'on appelle le **/l/ clair** (angl. *clear* /l/), comme dans *lake*, et le **/l/ sombre** (angl. *dark* /l/), très différent, comme dans *kill*. Dans une transcription étroite, le /l/ clair se note [l], et le /l/ sombre se note [ɫ]. Exemples : *lake* = [leɪk], *kill* = [kɪɫ]. La distribution de ces allophones est la suivante : [l] apparaît avant voyelle ou /j/, et [ɫ] apparaît dans tous les autres contextes. L'allophone

[l] ressemble à la latérale française, alors que [ɫ] a une résonance bien particulière, plus grave. Pour produire [ɫ], il faut, comme pour [l], mettre la pointe de la langue en contact avec les alvéoles, mais il faut aussi en même temps relever et rétracter le dos de la langue dans la région du palais mou. L'allophone [ɫ] a donc deux points d'articulation simultanés : (a) un point d'articulation principal, qui est alvéolaire (comme pour [l]) ; (b) un point d'**articulation secondaire** (angl. *secondary articulation*), dans la région vélaire, comme pour une voyelle postérieure de type [ʊ]. C'est évidemment le point d'articulation secondaire qui est responsable de la résonance propre à [ɫ]. En termes plus techniques, on dit que [ɫ] est une consonne latérale **vélarisée** (angl. *velarized*). Exemples avec [l], avant voyelle ou /j/ : *lick*, *luck*, *million*, *yellow*, *blade*, *sailor*, *glide* ; exemples avec [ɫ], avant consonne ou en fin de mot : *mill*, *milk*, *sail*, *fill*, *feel*, *fall*, *silver*, *old*, *little*, *apple*. C'est bien entendu à l'allophone [ɫ], inconnu du français standard, qu'il faut accorder le plus d'attention. Conseil pour la production de [ɫ] : placez la pointe de la langue pour articuler un [l] et en même temps mettre le dos de la langue en place pour un [ʊ] (comme dans *good*).

- L'allophone sombre [ɫ] exerce un effet sur la voyelle précédente (diphtongaison). Ex. : *feel* = /fiːl/ = [fiːʊɫ].
- Les consonnes non voisées (/p, t, k/ plus particulièrement) exercent un effet sur la latérale /l/, qu'elles dévoisent plus ou moins lorsqu'elles le précèdent (*splash*, *simplest*, *apple*). Lorsqu'une plosive non voisée est initiale de syllabe forte, elle exerce un effet plus marqué sur /l/ et le transforme en fricative. Ex. : *pleased* /pliːzd/ = [pɬiːzd] ([ɬ] = allophone fricatif de /l/). Comme [ɫ], cet allophone fricatif est inconnu du français. Pour le produire, il suffit de prononcer la plosive avec davantage d'énergie qu'en français.

Graphies :

/l/ s'écrit ***l***, ***ll***. La lettre ***l*** est muette dans certains mots. Exemples de mots avec ***l*** muet : (a) avec la voyelle /ɔː/ : *walk*, *talk*, *chalk*, *stalk* (le ***l*** de *falcon* peut ou non se prononcer) ; (b) avec /ɑː/ : *half*, *calm*, *psalm*, *almond*, *alms*, *balm*, *calf*, *behalf*, *palm*, *qualm* ; (c) avec /æ/ : *salmon* ; (d) avec /əʊ/ : *folk*, *yolk* ; (e) avec /ɜː/ : *colonel* = /ˈkɜːn•l/ ; (f) avec /ʊ/ : *could*, *would*, *should*.

Entraînement :
Mots avec /l/ clair : *letter, link, lock, lounge, yellow, pillow.*
Mots avec /l/ sombre : *male, female, bill, call, called, field, pull.*
Mots avec /l/ clair partiellement dévoisé : *hopeless, ghastly.*
Mots avec /l/ sombre partiellement dévoisé : *simple, little, pistol.*
Mots avec /l/ clair fricatif : *please, clean, clever, clergy, plan, plug.*

6. Consonnes syllabiques, types de plosion

Pour aborder cette question, il faut en premier lieu se souvenir que toute syllabe a un sommet, ce sommet étant le phonème le plus sonore de la syllabe, son « pic » de sonorité : dans le chapitre 3, nous avons vu que dans *cat* /kæt/, par exemple, le sommet de syllabe est la voyelle /æ/. Si une syllabe comporte une voyelle, cette dernière en sera nécessairement le sommet. En français, seules les voyelles ont la capacité d'être sommets de syllabe, mais en anglais les principes sont plus complexes. Lorsqu'une syllabe anglaise est forte (= accentuée), son sommet est nécessairement une voyelle, mais le sommet d'une syllabe faible (= inaccentuée) peut être une voyelle ou l'une des deux consonnes /n/ et /l/. (Aucune autre consonne ne peut jouer ce rôle dans une prononciation « soignée ».) On dit que les consonnes sommets de syllabe sont des **consonnes syllabiques** (angl. *syllabic consonants*). Exemples[1] : *cotton* /ˈkɒt•n/, *written* /ˈrɪt•n/, *little* /ˈlɪt•l/, *apple* /ˈæp•l/, *pupil* /ˈpju:p•l/. Le /l/ syllabique a l'allophone sombre [ɫ] : *little* /ˈlɪt•l/ = [ˈlɪt•ɫ].

Non seulement la syllabe dont le sommet est une consonne syllabique ne doit surtout pas être accentuée, mais il faut plus généralement éviter de prononcer une voyelle avant la consonne syllabique. Il faut au contraire passer directement d'une consonne à l'autre. Par exemple, dans le mot *people* /ˈpi:p•l/, il faut passer directement du /p/ au /l/ (sombre) sans insérer de voyelle « parasite » entre les deux : [ˈpʰi:p•ɫ].

1. Rappelons que le signe • symbolise une limite de syllabe.

Lorsque les plosives alvéolaires /t, d/ sont suivies d'un /n/ ou d'un /l/, comme dans *cotton*, *sudden*, *little*, *middle*, cela entraîne une prononciation particulière. Examinons d'abord le cas où la plosive alvéolaire est suivie d'une nasale. Nous avons vu (ch. 2, §3) qu'une plosive connaît trois phases : fermeture, compression, relâchement. Dans le cas qui nous intéresse ici, la troisième phase, celle du relâchement, est nasale. Cela signifie que la plosion proprement dite a lieu par le nez, et non, comme dans les cas habituels, par la bouche. On a donc une **plosion nasale** (angl. *nasal plosion*).

Les plosives /t d/ ont le même point d'articulation alvéolaire que /n/. Pour passer de la plosive /t/ ou /d/ à /n/, il suffit d'abaisser le voile du palais : la pointe de la langue est maintenue en contact avec les alvéoles pour tout le groupe /tn/ ou /dn/, mais, le voile du palais étant brusquement abaissé pour la production de la nasale /n/, le bruit de plosion de l'air libéré est nasal. Dans le cas de la plosion nasale, il est donc exclu qu'il y ait une voyelle entre la plosive et la nasale. On a cette plosion nasale dans des formes comme *didn't*, *hadn't*, *wouldn't*, *couldn't*, *shouldn't*, qu'il faut absolument prononcer sans insérer de voyelle entre le /d/ et le /n/.

Le principe est exactement le même lorsque les plosives alvéolaires /t d/ sont suivis d'un /l/, comme dans *little*, *middle*. À nouveau, les deux consonnes du groupe sont alvéolaires, puisque la latérale /l/ est alvéolaire aussi. Pour passer de la plosive à /l/, il suffit, en laissant la pointe de la langue en contact avec les alvéoles, de libérer l'air latéralement en abaissant les bords de la langue. Cette fois, le relâchement est latéral. On peut aussi parler de **plosion latérale** (angl. *lateral plosion*).

Dans les exemples de plosion nasale ou latérale que nous avons donnés, le /n/ ou le /l/ était syllabique. On a exactement le même phénomène quand /n/ ou /l/ n'est pas syllabique : *witness* /ˈwɪt•nəs/, *lately* /ˈleɪt•li(ː)/.

7. La consonne /r/

L'allophone le plus courant de cette consonne est une approximante post-alvéolaire et voisée, que l'on note [ɹ] dans une transcription étroite. Cette réalisation n'a rien à voir avec le /r/ français, qui est une consonne postérieure, prononcée avec le dos de la langue dans la région de la luette (= [ʁ] dans une transcription étroite). Il faut donc éviter de prononcer un /r/ de type français ([ʁ]), tout comme il faut éviter de prononcer un /r/ vibrant. Pour le /r/ anglais (allophone [ɹ]), la pointe de la langue, légèrement rétractée, se rapproche de la zone post-alvéolaire, mais sans contact, et la partie centrale de la langue est creusée ; la partie antérieure du dos de la langue est plus basse que sa partie postérieure ; l'air s'échappe librement entre la partie centrale de la langue et le palais, sans friction.

- La rétraction de la pointe de la langue s'appelle **rétroflexion** (angl. *retroflexion*). Cette rétroflexion n'est que légère en RP. (Pour l'anglais américain, voir ch. 7.)
- L'allophone [ɹ] qui vient d'être décrit est celui qu'on rencontre en position initiale ou entre voyelles : *ring*, *real*, *reach*, *very*, *sorry*. Il existe d'autres allophones de /r/. Entre voyelles (comme dans *very*), on peut aussi avoir ce qu'on appelle un *tap* alvéolaire (noté [ɾ]) ; le *tap* est un contact très rapide et très léger entre la pointe de la langue et les alvéoles ; il s'agit d'un simple « battement », beaucoup plus rapide que pour une plosive.
- Après la consonne /d/, la réalisation de /r/ est une fricative voisée. Exemples : *dry*, *drill*, *drain*. Dans ce cas, la différence avec les allophones étudiés précédemment est le bruit de friction. Après une plosive non voisée (/p/, /t/, /k/) initiale de syllabe accentuée, on a une réalisation fricative non voisée. Exemples : *pray*, *train*, *crack*, *cross*. Cet effet des plosives non voisées sur /r/ est moins net en syllabe inaccentuée ou quand la plosive est précédée de /s/ : *apricot*, *apron*, *spray*, *spring*, *stray*.

En RP le /r/ non final de mot n'apparaît qu'avant voyelle, et en fin de mot /r/ est impossible avant consonne ou pause (voir plus loin). Ainsi la lettre ***r*** est « muette » dans *cart*, *learn*, *bird*, etc. En RP, les mots *farther* et *father* sont homophones : /ˈfɑːðə°/ ; autre exemple : *sauce* et *source* =

/sɔːs/. Le ***r*** ou ***rr*** est prononcé dans *caring*, *sorry*, *starry*, *carry*, par exemple, parce qu'il précède une voyelle. Le ***r*** est muet dans *pour* /pɔː°/ avant pause ou consonne, mais prononcé dans *pouring* /ˈpɔːrɪŋ/, puisque le suffixe -ING commence par une voyelle.

Notez que *register* se prononce /ˈredʒɪstə°/, et que *registered* se prononce /ˈredʒɪstəd/, avec ***r*** muet avant la désinence. En revanche, *registering*, avec un suffixe à initiale vocalique, se prononce /ˈredʒɪstərɪŋ/.

En RP, le ***r*** final de mot n'est prononcé que si le mot suivant commence par une voyelle. Exemple : le ***r*** final de *far* est muet dans *far from here*, et il est prononcé dans *far away*. Quand le ***r*** final est prononcé, on dit qu'il y a **liaison** (angl. *linking*), et le ***r*** final de mot s'appelle alors **/r/ de liaison** (angl. *linking* /r/). Notons qu'un /r/ de liaison (= ***r*** final) ne peut suivre que l'une des voyelles suivantes : /ɑː ɔː ɜː ɪə eə ʊə ə/. Le /r/ de liaison est une consonne **latente** (= virtuelle), qui ne se manifeste qu'avant une voyelle[1].

Graphies :

/r/ s'écrit toujours ***r***, ***rr***. Notez le ***w*** muet avant ***r*** dans des mots comme *write* et le ***h*** muet dans des mots comme *rhyme*. Exemples avec ***r*** prononcé : *ring*, *sorry*, *crash*, *apron* ; avec ***r*** muet : *cart*, *further*, *court*, *source*, *park* ; avec ***r*** final muet avant pause ou consonne : *far*, *for*, *four*, *fair*, *care*, *purr* ; avec ***r*** de liaison prononcé : *far away*, *for us*. Le ***r*** est muet dans *iron* /ˈaɪən/. La combinaison lettre-voyelle + ***r*** signale souvent la voyelle /ɜː/, une diphtongue /ɪə/, /ʊə/, /eə/, ou un groupe diphtongue + /ə/. Ex. : *bird* /bɜːd/, *beer* /bɪə°/, *pair* /peə°/, *tour* /tʊə°/, *fire* /ˈfaɪə°/, *tower* /ˈtaʊə°/. Tous ces ***r*** ne sont évidemment prononcés qu'avant voyelle : *firing* = /ˈfaɪərɪŋ/.

- Dans de nombreuses variétés d'anglais autres que le RP, le ***r*** graphique correspond dans tous les cas au phonème /r/, qui apparaît donc aussi avant consonne ou pause, contrairement à ce qui se passe en RP. Dans ces variétés, des mots comme *sauce* et *source* ne sont pas homophones : le premier se

1. Rappelons que ce /r/ latent est noté ° dans nos transcriptions phonémiques.

prononce /sɔːs/ et le second /sɔːrs/. De même, avant consonne ou pause, *paw* se prononce /pɔː/ et *pour* se prononce /pɔːr/ (RP : *paw* = /pɔː/, *pour* = /pɔː°/ avec /r/ latent). Les variétés d'anglais où le ***r*** est toujours prononcé dans tous les contextes s'appellent variétés **rhotiques** (angl. *rhotic*) ; les variétés qui fonctionnent comme le RP sont appelées variétés **non rhotiques** (angl. *non rhotic*).

• Certains locuteurs de variétés non rhotiques, comme le RP, pratiquent souvent la liaison même quand il n'y a pas de ***r*** graphique en fin de mot. Cette liaison avec **/r/ parasite** (angl. *intrusive* /r/) se produit après les voyelles /ɑː, ɔː, ɪə, ə/. Exemple : *I saw it*, prononcé [ˌaɪˈsɔːɹɪt]. Ce phénomène assez répandu est une extension analogique de la liaison. Le /r/ parasite n'existe pas dans les variétés rhotiques.

8. Les semi-voyelles /j/ et /w/

La semi-voyelle /j/ correspond à ce qu'on entend en français à l'initiale de *yaourt*. On remarque qu'elle est fréquemment suivie de la voyelle /uː/ (*tune*, *few*, *queue*, *view*, etc.).

Dans des mots comme *hue*, on note un fréquent amalgame phonétique des consonnes /h/ et /j/, globalement réalisées comme une fricative palatale non voisée (*cf.* allemand *ich*) ; il s'agit d'un son noté [ç] : *hue* /hjuː/ = [çuː]. La semi-voyelle /j/ est aussi dévoisée après toute consonne non voisée, et elle a l'allophone [ç] après /p/, /t/, /k/ sous l'accent. Exemple : *tune* /tjuːn/ = [tçuːn].

La semi-voyelle /w/ correspond à ce qu'on entend en français à l'initiale de *ouistiti*. Il s'agit d'une approximante vélaire, prononcée avec arrondissement des lèvres (= labialisation).

Ce phonème subit le même dévoisement que /j/ après toute consonne non voisée, et il est réalisé comme une fricative non voisée après /t/, /k/ sous l'accent. Cette réalisation dévoisée se note [ʍ]. Ex. : *quick* /kwɪk/ = [kʍɪk]. Pour obtenir les allophones fricatifs de /j/ et /w/, il suffit de prononcer la plosive avec énergie.

Notez que le ***w*** est muet avant ***r*** (*write*) ; il est également muet dans *answer*, *sword*, *two*, *who*, *whom*, *whose*, *whole*, *wholly*, *whooping-cough*, *whore*, prononcés respectivement /'ɑːnsə°/, /sɔːd/, /tuː/, /huː/, /huːm/, /huːz/, /həʊl/, /'həʊlli(ː)/, /'huːpɪŋ,kɒf/, /hɔː°/. (Les mots *who*, *whom*, *whose* ont souvent une forme faible en discours (voir ch. 6), avec voyelle abrégée : [hu], [hum], [huz].) Tous les mots commençant par *whole-* se prononcent comme *whole*, avec /həʊl/ (ex. : *wholesome*, *wholesale*). Attention à *awry* /ə'raɪ/. Notons aussi le *w* muet dans certains noms propres : *Greenwich* /'grenɪtʃ/, *Norwich* /'nɒrɪdʒ/, *Warwick* /'wɒrɪk/.

En RP actuel, la graphie ***wh*** se prononce le plus souvent /w/ (= comme *w*). Toutefois, chez certains locuteurs, ***wh*** correspond encore à une réalisation fricative non voisée [ʍ]. Exemples : *whale*, *when*, *why*, *wheel*. Cette réalisation, qui est sentie (en RP) comme appartenant à un registre élevé, peut s'interpréter ici comme la séquence /hw/, exactement comme la fricative palatale non voisée de *hue*, *human*, s'interprète comme /hj/. Exemple : *when* = /hwen/ = [ʍen] (RP actuel : /wen/). (Pour l'anglais américain, voir ch. 7.)

9. Groupes consonantiques

Il faut s'entraîner à bien prononcer certains **groupes consonantiques** (angl. *consonant clusters*) inconnus du français ou difficiles à produire. Voici quelques exemples :

• À l'initiale : *through*, *thrill*, *three*, *thread*, *throw*.

• En finale : *facts* /fækts/, *clothes* /kləʊðz/ (une seule syllabe), *risked* /rɪskt/, *changed* /tʃeɪndʒd/, *protects* /prə'tekts/, *strengths* /streŋ(k)θs/, *fifth* /fɪfθ/, *fifths* /fɪfθs/, *twelfth* /twelfθ/, *twelfths* /twelfθs/, *glimpsed* /glɪmpst/, *fists* /fɪsts/, *asked* /ɑːskt/, *asks* /ɑːsks/, *judged* /dʒʌdʒd/, *hinged* /hɪndʒd/, *thanked* /θæŋkt/, *reached* /riːtʃt/, *texts* /teksts/.

Les groupes peuvent être « alourdis » aux frontières de mots. Ex. : *as the years slipped past*, avec le groupe /ptp/, *he collects stamps*, avec le groupe /ktsst/, *I asked John*, avec le groupe /sktdʒ/.

Lorsqu'on a un groupe de plosives, on a en anglais une seule plosion. Voyons comment est articulé le mot *apt* /æpt/, par exemple. Dans la production de ce mot, on a d'abord (après la voyelle) une fermeture labiale pour /p/, suivie de la compression habituelle pour les plosives (voir ch. 2) ; ensuite, les lèvres restant fermées, la langue est placée contre les alvéoles pour le /t/ ; on a donc à ce stade deux fermetures : une fermeture labiale et une fermeture au niveau des alvéoles ; ensuite seulement, on ouvre les lèvres, mais cela ne produit pas de plosion labiale, puisque l'air est toujours bloqué par la langue placée contre les alvéoles ; enfin, la pointe de la langue quitte les alvéoles, libérant ainsi l'air : on a une seule plosion (buccale et non labiale). On n'a donc pas eu de plosion pour /p/, qui est en quelque sorte une consonne réalisée incomplètement (sans phase plosive). Le principe est le même pour toute séquence de plosives.

Il faut absolument éviter d'insérer toute voyelle « lubrifiante » entre les mots, comme cela arrive souvent en français, pour, par exemple, prononcer *film tchèque* [filmətʃɛk].

Lorsqu'une obstruente finale de mot se retrouve en contact avec une autre obstruente, comme dans *nice girl*, elle ne subit **pas d'assimilation de voisement** en RP. On doit y prendre garde, car le français connaît régulièrement ce processus (*bec **d**'oiseau* prononcé [bɛgdwazo]). En anglais RP, il faut veiller à bien préserver la nature voisée ou non de la consonne finale de mot : *nice girl* = [ˌnaɪsˈɡɜːɫ], *good time* = [ˌɡʊdˈtʰaɪm], *back garden* = [ˌbækˈɡɑːd•n].

En revanche, il peut se produire des assimilations de point d'articulation en parler rapide. Exemples : *good boy* [ˌɡʊbˈbɔɪ], *this year* [ˌðɪʃˈjɜː]. Ces assimilations ne sont jamais obligatoires.

Exercices

1. Transcrivez les mots suivants : *beautiful, middle, possible, growth, mouth, clothes, through, nation, invasion, listen, rehearse, coherent, simple, simplest, chuckle, button, singing, singer, finger, long, longer.*

2. Dites à quel allophone de /l/ on a affaire : *milk, lull, lick, sulk, sullen, yellow, please, little, feel, feeling, sulphur.*

3. Dites pour chaque plosive si elle est aspirée ou non : *pin, spin, letter.*

4. Dites si ***r*** est prononcé ou non : *bird, ever, every, for ever and ever, cart, care, pour, pouring, court.*

5. Dites si la lettre ***g*** correspond à /g/ ou /dʒ/ : *get, gin, geyzer, gem, gear, German, giraffe, girdle, giro, gist.*

6. Dites si ***th*** correspond à /θ/, /ð/, ou à un autre phonème : *this, thing, that, think, bath, bathe, breath, breathe, smooth, path, paths, moth, mouth, mouths, Thames, Thomas, there, thrill, cloth, clothes, tooth, father, mother, Arthur, earth, worth, worthy, health, healthy, author.*

5

LES VOYELLES ET LEURS RÉALISATIONS

Dans ce chapitre, nous étudions en détail les propriétés phonétiques des voyelles. Pour une vision d'ensemble du système vocalique, on se reportera au chapitre 3.

1. Les monophtongues fortes

Nous allons d'abord étudier les réalisations des voyelles « pures », ou monophtongues. (Les diphtongues sont étudiées plus loin : voir §3.) Nous reproduisons dans le schéma ci-dessous la position des monophtongues fortes (voir ch. 1, §6, ch. 3, §2) dans le trapèze vocalique (voir ch. 3) :

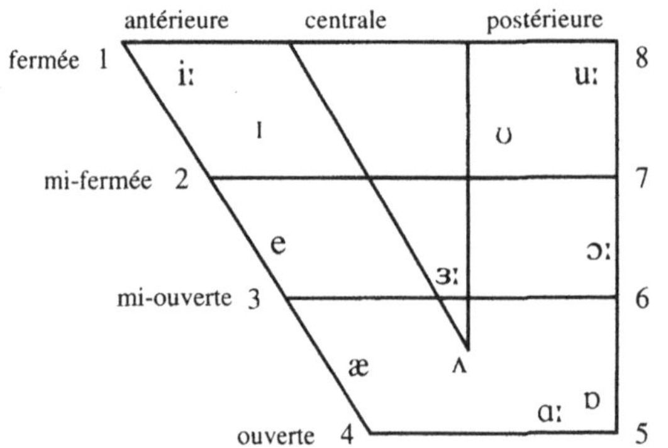

Rappelons que les monophtongues, contrairement aux diphtongues, ne changent pas de timbre en cours d'émission.

Nous avons, suivant la tradition, transcrit et classé /iː/ et /uː/ comme des monophtongues, alors qu'elles sont en fait légèrement diphtonguées (voir plus loin, et aussi ch. 3, §4).

Dans cette première partie du chapitre, nous limitons notre étude aux monophtongues fortes, c'est-à-dire toutes sauf /ə/ (qui ne peut apparaître qu'en syllabe inaccentuée). Les voyelles faibles (= inaccentuées) sont étudiées plus loin (§2).

Remarques préalables :

- Les voyelles transcrites avec les deux points ainsi que les diphtongues sont phonémiquement longues, et les autres sont brèves. Au niveau phonétique, il faut aussi tenir compte de l'influence du contexte sur la durée des voyelles. Toute voyelle (classée phonémiquement comme longue ou comme brève) aura une réalisation phonétique plus brève avant une consonne non voisée. En outre, toutes choses étant par ailleurs égales, les voyelles sont réalisées plus longues sous l'accent.
- En fin de syllabe, on différencie (acoustiquement) les consonnes voisées des consonnes non voisées surtout par la longueur phonétique du phonème précédent. Ainsi, la réalisation plus longue de /iː/ de *bead* permet d'identifier le /d/ final, et la réalisation plus brève du /iː/ de *beat* permet d'identifier le /t/ final.
- Les voyelles les plus lâches, c'est-à-dire réalisées avec le moins de tension linguale (voir plus loin) sont les brèves les plus proches du centre du trapèze : /ə/, /ɪ/, /ʊ/.
- Les voyelles ont des allophones nasalisés avant consonne nasale : *fancy* = /ˈfænsi(ː)/ = [fæ̃nsi]. Cependant, les consonnes nasales ([n] dans l'exemple) doivent toujours être prononcées.

1.1 La voyelle /iː/ de *see*

Cette voyelle est antérieure et non labialisée (= non arrondie). C'est aussi une voyelle **tendue** (angl. *tense*), ce qui signifie qu'elle est prononcée avec une certaine énergie du muscle lingual. Elle est proche de la voyelle cardinale N°1 (*cf.* français *riz*). Toutefois, si l'on compare la prononciation du mot anglais *see* et du mot français *si*, on constate une différence non négligeable dont il faut tenir compte si l'on veut éviter un accent français. La voyelle française /i/ mérite d'être appelée voyelle « pure », mais ce n'est pas vraiment le cas de la voyelle anglaise /iː/. En effet, cette dernière est légèrement diphtonguée, et devrait plutôt être transcrite /ɪi/ (voir ch. 3, §4). Le timbre /ɪ/, point de départ, est plus ouvert que le timbre /i/, point d'arrivée.

Nous donnons ci-dessous des exemples de mots avec /iː/, en précisant les graphies de cette voyelle (***C*** = lettre-consonne, ***V*** = lettre-voyelle). Nous procéderons de la même manière pour toutes les voyelles. Il faut garder à l'esprit qu'il n'y a pas de correspondance stricte entre phonèmes et lettres. Exemple : ci-dessous, on voit que ***ea*** est l'une des graphies possibles de /iː/ ; il ne faut pas en conclure que ***ea*** se prononce toujours /iː/ : cette graphie correspond aussi à /e/ dans *bread*, et à /eɪ/ dans *break*.

Exemples :
ee : *meet, seed, fees, see, these.*
e + CV : *obscene, obese, lever, thesis.*
ea : *reap, meat, leave, easy, heathen, heath.*
ie : *piece, believe, fiend, field.*
ei, ey : *receive, perceive, ceiling, seize, key* /kiː/.
i : *machine, police.*
Graphies trompeuses : ***ay*** dans *quay* /kiː/, ***eo*** dans *people*, ***ae*** dans *Caesar, formulae* (pluriel de *formula*). Le mot *lead* au sens de 'mener', 'conduire', 'tête', 'avance' etc. se prononce /liːd/ ; *lead* au sens de 'plomb' se prononce /led/.

1.2 La voyelle /ɪ/ de *sit*

Cette voyelle non labialisée (= non arrondie) ne ressemble à aucune voyelle française. Si on compare /ɪ/ aux voyelles françaises, on doit la situer, pour ce qui est du degré d'aperture, entre la voyelle de *ri* et celle de *ré*, c'est-à-dire entre les voyelles cardinales N°1 et N°2, mais nettement plus proche de la voyelle N°2. Voyons à présent les différences entre les voyelles anglaises /iː/ et /ɪ/. Exemples : *beat* /biːt/, *bit* /bɪt/. Si on compare nos deux voyelles dans un même contexte (paires minimales), on s'aperçoit que la voyelle /ɪ/ est plus ouverte, assez centralisée, non diphtonguée, plus brève, et que c'est une voyelle **lâche** (angl. *lax*), c'est-à-dire réalisée avec beaucoup moins de tension linguale que pour /iː/. Le degré d'ouverture de /ɪ/ est intermédiaire entre celui du /iː/ de *seat* et celui du /e/ de *set*, comme le montrent les positions dans le trapèze. Nous devons rappeler ici que les différences qualitatives entre /iː/ et /ɪ/ sont plus importantes que la différence de longueur. Les francophones ont parfois tendance à négliger ces différences et à prononcer /ɪ/ comme le /i/ français de *si*, c'est-à-dire trop fermé, trop antérieur et trop tendu. Ce défaut doit être soigneusement évité. La faute inverse, qui consiste à remplacer /iː/ par /ɪ/, dans *speak* par exemple, est tout aussi grave.

Exemples :
i : *sit, rich, sin, kid, kill, milk.*
y : *symbol, rhythm.*
e (plus rare) : *pretty, England, English.*

La forme de participe *written*, avec ***tt***, se prononce /ˈrɪt•n/, alors que *write* et *writing*, avec un seul ***t***, ont la diphtongue attendue avec cette graphie : /raɪt/, /ˈraɪtɪŋ/. La relation écrit/oral est ici tout à fait régulière.

Graphies trompeuses : ***u*** dans *busy, business*, /ˈbɪznɪs/, ***o*** dans *women* /ˈwɪmɪn/, ***ee*** dans *breeches* /ˈbrɪtʃɪz/, ***ie*** dans *sieve*. Le ***u*** est muet dans *build*.

1.3 La voyelle /e/ de *bed*

Cette voyelle est brève et antérieure. Rappelons que la voyelle cardinale N°2 (mi-fermée) est proche de la voyelle française de *fée*, et que la voyelle cardinale N°3 (mi-ouverte) est proche de la voyelle française de *fer*. Or, la voyelle anglaise /e/ de *bed* a un degré d'aperture intermédiaire entre celui de la voyelle cardinale N°2 et celui de la voyelle cardinale N°3, en étant légèrement plus proche de la N°3. Il faut absolument s'efforcer de produire un timbre intermédiaire entre *fée* et *fer* : si on prononce /e/ trop fermé comme dans *fée*, le résultat risque d'être interprété comme une variante non diphtonguée de /eɪ/, et, si on prononce une voyelle trop ouverte comme dans *fer*, on risque une confusion avec la voyelle /æ/ de *cat*.

Exemples :

e : *letter, bed, better, set, rest, let.*

ea : *breakfast, dead, death, bread, head, ready, breath, breast, deaf, dealt, dreamt, health, heaven, heavy, heather, jealous, lead* (dans le sens de 'plomb'), *meant, measure, meadow, endeavour* /ɪnˈdevə°/, *pleasure, read* (prétérit et part. passé de *read*), *realm, sweat, sweater, treasure, wealth, seamstress* /ˈsemstrəs/, *treachery, treacherous, leaven, zealous.*

À noter : *sweet* = /swiːt/, mais *sweat* = /swet/ ; *heath* = /hiːθ/, *heather* = /ˈheðə°/, *heaven* = /ˈhev•n/, *heathen* = /ˈhiːð•n/ ; *mead* = /miːd/, *meadow* = /ˈmedəʊ/. L'adverbe *cleanly* se prononce /ˈkliːnli(ː)/, mais l'adjectif *cleanly* et son dérivé *cleanliness* se prononcent avec /e/ : /ˈklenli(ː)/, /ˈklenli(ː)nəs/.

Graphies trompeuses : ***a*** dans *many, any, Thames,* et *ate* (prétérit de *eat*) prononcé /et/ (variante : /eɪt/) ; ***u*** dans *bury, burial,* ***ei*** dans *leisure* /ˈleʒə°/, *heifer, Leicester* /ˈlestə°/, ***eo*** dans *leopard* /ˈlepəd/, *jeopardy* /ˈdʒepədi(ː)/, *jeopardize* /ˈdʒepəˌdaɪz/, *Geoffrey, Leonard* ; notez le ***i*** muet dans *friend*. Le verbe *say* se prononce /seɪ/, sauf dans les formes *says, said,* prononcées /sez/, /sed/ (mais *pay, pays, paid* se prononcent tous trois avec /eɪ/). Le mot *lieutenant* se prononce /ˌlefˈtenənt/ en angl. britannique (pour l'anglais américain, voir ch. 7, §4). *Zeal* a /iː/ alors que *zealous* a /e/. *Zebra* a /iː/ ou /e/.

1.4 La voyelle /æ/ de *cat*

À nouveau il s'agit d'une voyelle antérieure. Son degré d'aperture est intermédiaire entre celui de la voyelle française de *sec* et celui de la voyelle française de *sac*. Elle se situe donc entre la voyelle cardinale N°3 et la voyelle cardinale N°4, plus ouverte que le /e/ de *bed*.

La voyelle /æ/ est classée dans les brèves, mais elle est souvent réalisée plus longue que les autres voyelles classées comme brèves. Cette observation se vérifie plus spécialement avant une consonne voisée (b, d, g, etc.). La voyelle de *bad* est en général réalisée plus longue (et bien entendu plus ouverte) que celle de *bed*, et celle de *man* est réalisée plus longue (et plus ouverte) que celle de *men*.

Exemples :

a : *cat*, *shall*, *sat*, *fat*, *rat*, *bag*, *back*, *mat*, *mass*, *lack*, *gnat*, *wax*, *waggon*.

Graphie trompeuse : ***ai*** dans *plait*, *plaid*. La forme *forbade*, prétérit de *forbid*, se prononce en général /fəˈbæd/, malgré le ***e*** final (var. /fəˈbeɪd/). Le ***l*** de *salmon* est muet : /ˈsæmən/. *Marigold* = /ˈmærɪˌgəʊld/ (mais *Mary* = /ˈmeəri(ː)/) ; *many* = /ˈmeni(ː)/, mais *manifold* = /ˈmænɪˌfəʊld/.

1.5 La voyelle /ɑː/ de *cart*

Cette voyelle longue est avec /ɒ/ la plus ouverte des voyelles anglaises. La langue est abaissée au maximum et fortement rétractée. Si on la compare à /æ/, on constate les différences suivantes : /ɑː/ est plus ouverte, plus postérieure (rétractée), et plus longue. Comparez les prononciations de *cat*, avec /æ/, et de *cart*, avec /ɑː/.

- /ɑː/ correspond souvent dans la graphie aux lettres ***ar*** finales ou suivies d'une consonne : *cart* = /kɑːt/. Après /ɑː/, ne prononcez pas le ***r*** graphique avant une consonne ou une pause, le ***r*** n'étant prononcé dans ce contexte que dans les variétés rhotiques (voir ch. 4) ; ex. : *far* /fɑː°/, *farm* /fɑːm/. En RP, le ***r*** ne se prononce qu'avant voyelle, à l'intérieur du mot comme dans *starry*, ou en liaison, comme dans *far away*. Toujours en RP, il existe aussi un grand nombre de mots avec un /ɑː/ qui ne correspond pas à une graphie de type voyelle + ***r*** (exemples : *spa*, *father*, *glance*). Des mots comme *father* et *farther* sont nécessairement homophones en RP : /ˈfɑːðə°/. Notez aussi le ***l*** muet dans *calm*, *half* (= /kɑːm/, /hɑːf/).
- Les formes *aunt* et *aren't* sont homophones : /ɑːnt/ (mais *ant* = /ænt/).
- Un nombre important de mots qui, en RP, ont la voyelle /ɑː/ avant /θ, f, s/ ou les groupes /nt, ns, ntʃ, nd, mp/, sont souvent prononcés avec la voyelle /æ/ dans le nord de l'Angleterre. Ex. : *ask*, *sample*, *pass*, *glass*, *castle*, *bath*, *calm*, *half*, *aunt*, *laugh*, *dance*, *bath*, *chance*, *France*, prononcés avec /ɑː/ en RP, sont

prononcés avec /æ/ dans le nord. Ces mots sujets à variation géographique sont appelés ***ask* words**. Notons que la prononciation avec /ɑː/ en RP n'obéit pas à une règle phonotactique, puisqu'on oppose, par exemple, les formes *ant* /ænt/ et *aunt* /ɑːnt/ (paire minimale). De même *ample* se prononce /ˈæmp•l/ alors que *sample* se prononce avec /ɑː/ : /ˈsɑːmp•l/.

Exemples :

a : *pass*, *ask*, *chance*, *branch*, *example*, *sample*, *tomato*, *bath*, *path*, *father*, *spa*, *after*, *answer* (avec ***w*** muet), *rather*, *dance*, *castle*, *can't*, *grass*, *basket*, *task*, *glass*, *master*, *fast*, *staff*, *past*, *shan't*, *advantage*, *France*.

ar : *car*, *cart*, *farther*, *star*, *starry*, *part*, *bar*, *farm*, *farmer*, *aren't* /ɑːnt/.

al : *calm*, *calf*, *half*, *behalf*, *almond*, *alms*, *balm*, *psalm* /sɑːm/, *palm*, *qualm* ; le **l** est muet dans ces mots.

ear (plus rare) : *heart*, *hearth*, *hearken*.

Graphies trompeuses : ***er*** dans *sergeant*, *clerk*, *Derby*, *Berkeley* (voir ch. 7 pour l'angl. amér.), ***au*** dans *laugh*, *laughter*, *aunt*, *draught*.

À noter : *heart* /hɑːt/, *hearth* /hɑːθ/, mais *hearse* = /hɜːs/.

1.6 La voyelle /ɒ/ de *cot*

Cette voyelle très rétractée est pratiquement aussi ouverte que /ɑː/, mais elle est brève et légèrement labialisée (= arrondissement des lèvres). Comparez *cart* et *cot*.

Le degré de labialisation de /ɒ/ est faible pour des raisons physiologiques : il est en effet plus difficile d'arrondir les lèvres pour une voyelle ouverte que pour une voyelle fermée comme /uː/. Il ne faut surtout pas prononcer cette voyelle comme le ***o*** français de *roc*, *botte*. En effet, la voyelle /ɒ/ est beaucoup plus ouverte, plus nettement postérieure et moins labialisée.

Exemples :

o : *pot*, *lock*, *mock*, *dog*, *sorry*, *off*, *bother*, *doll*, *dock*, *lost*, *frost*, *donkey*.

a : *wander*, *was*, *wash*, *want*, *watch*, *what*, *yacht*, *swan*, *squalid*, *wan*.

au (plus rare) : *sausage* /ˈsɒsɪdʒ/, *because*, *laurel*, *cauliflower*, *Austria*, *Australia*.

ou (plus rare) : *cough*, *trough*.

Attention à *gone* /gɒn/, *shone* /ʃɒn/ (= prétérit, part. passé de *shine*), *knowledge* /ˈnɒlɪdʒ/, *acknowledge* /əkˈnɒlɪdʒ/. Attention aussi au couple *wander* /ˈwɒndə°/, *wonder* /ˈwʌndə°/. La lettre ***a*** se prononce en général /ɒ/ ou /ɔː/ après ***w*** (ex. : *wash*, *swan* avec /ɒ/, *water* avec /ɔː/, etc.), mais /æ/ avant /k/ ou /g/ : *wax* /wæks/, *wag* /wæg/, *wagon* /ˈwægən/, *quack* /kwæk/. *Bother* a /ɒ/ alors que *brother* a /ʌ/. À noter aussi : *donkey* /ˈdɒŋki(ː)/, à opposer à *monkey* /ˈmʌŋki(ː)/, *monk* /mʌŋk/.

1.7 La voyelle /ɔː/ de *court*

Cette voyelle est moins ouverte, plus longue, et plus labialisée que /ɒ/. Son degré d'aperture est intermédiaire entre la voyelle cardinale N°6 (*cf.* français *sotte*) et la voyelle cardinale N°7 (*cf.* français *sot*). Il vaut mieux partir de la voyelle du mot français *sot*, et augmenter un peu le degré d'aperture, tout en tenant compte de la longueur. La différence de timbre (aperture, degré de labialisation) entre /ɒ/ et /ɔː/ est plus importante que la différence de longueur. Comparez : *cot* /kɒt/, *court* /kɔːt/. Lorsque la graphie correspondant à /ɔː/ comporte un ***r***, ce ***r*** doit rester muet en RP (sauf avant voyelle). Exemples : *war*, *horse*, *hoard*, *board*. Suivant la règle générale en RP, le ***r*** final de mot ne se prononce qu'en liaison. On rencontre d'autres graphies, sans ***r*** : *talk*, *law*, *ought*, *cause*.

Attention : il faut surtout se garder de prononcer une diphtongue quand on a les graphies ***au*** et ***aw*** : *cause* = /kɔːz/, *law* = /lɔː/ (voir p. 77).

Exemples :

aw : *law*, *awful*, *straw*, *saw*, *lawn*.
au : *sauce*, *autumn*, *cause*, *fault*.
augh : *daughter*, *taught*, *caught*.
or : *or*, *horse*, *born*, *lord*, *more*, *before*, *short*, *sword* (avec ***w*** muet).
a : *war*, *water*, *quarter*, *reward*, *award*, *warm*, *warn*, *all*, *ball*, *tall*, *salt*.
ough : *bought*, *ought*, *fought*.
our : *court*, *four*, *mournful*.

oar : *oar, board, hoard.*
oor : *door, floor.*
al, avec ***l*** muet : *talk, walk, chalk, stalk.*

Graphies dangereuses : ***oa*** dans *broad, abroad*, ***ea*** dans le prénom irlandais *Sean* /ʃɔːn/.

Certains mots connaissent une variation entre la diphtongue /ʊə/ et /ɔː/. Exemple : *poor* = /pɔː°/ ou /pʊə°/. Voir (§3.6) la diphtongue /ʊə/.

1.8 La voyelle /ʊ/ de *put*

Cette voyelle brève et lâche est la contrepartie postérieure et labialisée de /ɪ/ (voir plus haut). Elle a le même degré d'aperture que cette dernière (= entre mi-fermée et fermée, plus proche de mi-fermée), et comme /ɪ/ elle est centralisée. La voyelle /ʊ/ est nettement plus ouverte que la voyelle française de *sou*. Elle est aussi moins tendue (voir plus haut ce qui a été dit sur /ɪ/). L'arrondissement des lèvres est lui-même relativement relâché. Il faut surtout éviter de prononcer /ʊ/ comme un ***ou*** français, en veillant à bien différencier le /ʊ/ lâche de *pull, full* et le /uː/ tendu et plus fermé de *pool, fool*. Attention : la graphie ***oo*** correspond souvent à /uː/, mais pas toujours (*cf. good*, etc. ci-dessous). Notez aussi la prononciation (forte) des formes modales : *would* /wʊd/, *could* /kʊd/, *should* /ʃʊd/.

Exemples :

u : *put, bull, butcher, full, sugar, bullet, cushion, cuckoo* /ˈkʊkuː/.

oo : *took, book, brook, cook, rook, crook, hook, nook, shook, look, foot, wool, good, wood, soot, hood, stood, gooseberry* /ˈgʊzbəri(ː)/.

ou (plus rare) : *could, would, should, courier.*

o (plus rare) : *wolf, woman* /ˈwʊmən/, *bosom* /ˈbʊzəm/, *worsted* /ˈwʊstɪd/. *Room* se prononce avec /uː/ ou /ʊ/.

La graphie ***ook*** correspond en général à /ʊk/ (mais *snook* = /snuːk/, *snooker* = /ˈsnuːkə°/). La graphie ***u***, qui correspond aussi à /ʌ/ (voir plus loin), se prononce normalement /ʊ/ entre /p b f/ et /l ʃ tʃ/ : on a donc /ʊ/ dans *pull, butcher, push, pulpit, bull, bullet, bully, full* ; comparez avec les mots suivants, dans lesquels ***u*** correspond à /ʌ/ : *cut, sun, bun, fun, run, puff, pun, punish, puzzle.*

1.9 La voyelle /uː / de *moon*

Cette voyelle est la contrepartie postérieure et labialisée de /iː/. C'est donc une voyelle fermée et tendue. Elle est proche de la voyelle cardinale N°8 (*cf.* français *sou*). Comme /iː/, ce n'est pas vraiment une voyelle « pure », car elle est également légèrement diphtonguée, et devrait plutôt être transcrite /ʊu/ (voir ch. 3, §4). Le timbre /ʊ/, point de départ, est plus ouvert que le timbre /u/, point d'arrivée.

- Après la semi-voyelle /j/, comme dans *youth* /juːθ/, *cue* /kjuː/, *hue* /hjuː/, *few* /fjuː/, /uː/ a un allophone nettement centralisé (« attiré " par l'articulation avancée de /j/), ce qui donne un timbre intermédiaire entre celui du français *sou* et celui du français *su* (avec, bien entendu, la diphtongaison en plus). En revanche, avant un allophone vélarisé de /l/ (= /l/ sombre : voir ch. 4, §5), comme dans *fool* /fuːl/, *pool* /puːl/, la voyelle /uː/ est nettement postérieure, et moins diphtonguée.
- Certains locuteurs ont une prononciation centralisée de /uː/ dans tous les contextes.

Exemples :

oo : *moon*, *boot*, *soon*, *fool*, *goose*.
o : *do*, *who* /huː/, *whose* /huːz/, *move*, *lose*, *prove*.
u : *rude*, *June*, *stupid*, *youth*, *truth*, *cruel* /ˈkruːəl/.
ou : *group*, *soup*, *through*.
eu : *deuce*, *feud*.
ew : *flew*, *few*, *chew*, *new*, *jewel* /ˈdʒuːəl/, *sewer* ('égout') /ˈsuːə°/.
ue : *true*, *blue*, *hue*, *clue*, *cue*, *argue*, *glue*.
ui : *juice*, *fruit*, *sluice*, *bruise*, *nuisance* /ˈnjuːs•ns/.
oe : *shoe*, *canoe*.

À noter : *two*, *tomb* /tuːm/, *womb* /wuːm/, *beauty*, *queue* /kjuː/, *Sioux* (sing. = /suː/, plur. = /suːz/) ; *suit*, prononcé plus souvent /suːt/ que /sjuːt/ ; *ruin* /ˈruːɪn/, *druid* /ˈdruːɪd/, *fluid* /ˈfluːɪd/.

Avec les graphies ***u***, ***eu***, ***ew***, ***ue***, il y a dans de nombreux mots la séquence /juː/. Exemples : *music*, *neutral*, *few*, *cue*.

Ne pas confondre *wound* /wu:nd/ ('blesser', 'blessure') avec la forme *wound* /waʊnd/, prétérit et part. passé du verbe *wind* /waɪnd/.

1.10 La voyelle /ʌ / de *cup*

Cette voyelle brève est l'une des plus difficiles pour le francophone. En effet, une tradition néfaste autant que tenace veut en faire une voyelle proche de la voyelle française qui s'écrit ***eu***, comme dans *seul*. Or, rien n'est plus faux. La voyelle française ***eu*** est une voyelle antérieure et labialisée (= arrondie), alors que la voyelle anglaise /ʌ/ est nettement centrale, a un degré d'aperture intermédiaire entre mi-ouvert et ouvert, et, surtout, n'est pas labialisée : elle doit impérativement être prononcée sans arrondissement des lèvres. Si l'on veut comparer /ʌ/ avec une voyelle française, il faut partir non d'un ***eu*** français, mais du ***a*** de *patte* (voir ch. 3, §3), et ensuite réduire faiblement le degré d'aperture en relevant légèrement la langue. Insistons sur le fait que la voyelle française la plus proche est donc celle qui s'écrit ***a***.

Dans les variétés régionales du nord de l'Angleterre et des Midlands, le phonème /ʌ/ est absent du système et la voyelle qui lui correspond est /ʊ/. Ex. : *pub* se prononce /pʊb/ (RP : /pʌb/). Les principales exceptions à ce principe d'équivalence sont les mots *one*, *none*, *nothing*, *tongue*, prononcés dans cette région avec la voyelle /ɒ/ et non /ʊ/ (RP : /wʌn/, /nʌn/, /ˈnʌθɪŋ/, /tʌŋ/).

Exemples :

u : *cup*, *but*, *sun*, *under*, *uncle*, *hurry*, *study*, *buxom*, *furrow*, *current*.

o : *one*, *won*, *among*, *colour*, *worry*, *onion*, *honey*, *money*, *thorough*, *oven*, *front*, *stomach*, *comfortable*, *some*, *monk*, *dozen*, *other*, *wonder*, *come*, *love*, *month*, *monkey*, *mother*, *brother*, *son*, *nothing*, *none*, *done*, *Monday*, *dove*, *cover*, *govern*, *sponge*, *above*, *company*, *compass*, *glove*, *plover*, *ton*, *shove*, *covet*, *London*.

ou : *country*, *young*, *cousin*, *enough*, *courage*, *southern* /ˈsʌð•n/ (mais *south* = /saʊθ/).

Graphies trompeuses : ***oo*** dans *blood*, *bloody*, *flood*, ***oe*** dans *does*.

N.B. : attention à la graphie ***o***, très courante pour /ʌ/, mais dangereuse. *Cf. love* /lʌv/, *son* /sʌn/ (homophone de *sun*). Influencés par les règles graphophonématiques (voir ch. 1) du français, les francophones ont tendance à se tromper de voyelle dans des mots comme *mother* /ˈmʌðə°/, *among* /əˈmʌŋ/, etc. Par ailleurs, ***o*** peut correspondre à plusieurs phonèmes. Ex. : *dove*, avec /ʌ/, *cove*, avec /əʊ/, *move*, avec /uː/, etc. Rappel : *wonder* = /ˈwʌndə°/, *wander* = /ˈwɒndə°/.

1.11 La voyelle /ɜː/ de *bird*

La même mise en garde que pour /ʌ/ s'impose pour /ɜː/, car cette voyelle souffre des mêmes préjugés. Comme /ʌ/, /ɜː/ est (en RP) une voyelle non labialisée. C'est la plus centrale des monophtongues fortes : elle est située en plein centre du trapèze vocalique. Elle est donc moins ouverte que /ʌ/, et elle est aussi plus longue, ce qui nous donne deux différences entre ces deux voyelles qui par ailleurs se ressemblent par leur caractère central et l'absence de labialisation. Comparez *bud* et *bird*, *fun* et *fern*, *cut* et *curt*. (Les mots *bud*, *fun*, *cut* ont /ʌ/ et les mots *bird*, *fern*, *curt* ont /ɜː/.) Après /ɜː/, ne prononcez pas le ***r*** graphique avant une consonne ou une pause. Exemples : *bird*, *fern*, prononcés /bɜːd/, /fɜːn/.

Exemples :

er, ***err*** : *err*, *her*, *serve*, *stern*, *were*.

ur, ***urr*** : *purr*, *fur*, *occur*, *church*, *purse*, *burn*.

ir, ***yr*** : *first*, *thirst*, *stir*, *bird*, *circus*, *myrrh*.

or après ***w*** : *word*, *work*, *world*, *worm*, *worse*, *worst*. Exceptions : *sword* /sɔːd/, avec ***w*** muet, *worn* /wɔːn/, *sworn* /swɔːn/.

ear : *heard*, *earth*, *earn*, *hearse*, *dearth*, *learn*.

our : *journey*, *scourge*, *courteous*, *courtesy*, *journalist*, *adjourn*. (Il faut veiller à ne pas prononcer ces mots avec /ɔː/.)

Graphies trompeuses : *attorney* /əˈtɜːni(ː)/, *colonel* /ˈkɜːn•l/ (homophone de *kernel*).

Entraînement :

iː	ɪ	e	æ	ɑː
peat	*pit*	*pet*	*pat*	*part*
peak	*pick*	*peck*	*pack*	*park*
bead	*bid*	*bed*	*bad*	*bard*
ɑː	ɒ	ɔː	ʌ	ɜː
cart	*cot*	*court*	*cut*	*curt*
part	*pot*	*port*	*putt*	*pert*
card	*cod*	*cord*	*cud*	*curd*
uː	ʊ	ɒ	ʌ	æ
cooed	*could*	*cod*	*cud*	*cad*
Luke	*look*	*lock*	*luck*	*lack*

2. LES VOYELLES FAIBLES

2.1 La voyelle /ə/ (appelée « schwa »)

La voyelle la plus fréquente en syllabe inaccentuée (= faible) est schwa, qui n'apparaît d'ailleurs que dans ce contexte. (La présence de schwa dans une syllabe signale donc automatiquement que cette syllabe est faible.) C'est une voyelle **lâche** de timbre neutre, qui se décrit de manière plutôt négative : elle n'est ni antérieure, ni postérieure, ni ouverte, ni fermée, ni labialisée, ni longue. Elle a plusieurs réalisations possibles, qui se situent toutes dans le centre du trapèze vocalique (voir §1). Elle ressemble aux voyelles /ʌ/ et /ɜː/, qui, comme elle, sont centrales. Elle n'est pas difficile à produire si on garde à l'esprit que, comme /ʌ/ et /ɜː/, elle n'est pas labialisée. La principale difficulté consiste plutôt à savoir quand on a /ə/ dans un mot, car schwa se cache derrière un grand nombre de graphies possibles. Il ne faut surtout pas se laisser abuser par la forme écrite. Exemple : le mot *comfort* se prononce /ˈkʌmfət/, avec schwa dans la deuxième syllabe, et non une voyelle longue, malgré la graphie ***ort***.

Exemples (/ə/ correspond aux lettres en gras) :
a'gain, *A'merica*, *a'bout*, *a'dapt*, *affect*, *'cinema*, *cur'riculum*, *'desolate*, *'escalator*, *'homophone*, *'status*, *ba'nana*, *'Canada*, *de'licious*, *'marvellous*, *'figure*, *'furniture*, *'chocolate*, *'character*, *'freedom*, *'purpose*, *'circus*, *'azure* /'æʒə°/ ou /'eɪʒə°/, *'feature*, *'April*, *'awkward*, *'portrait*, *'porpoise*, *'tortoise*, *'effort*, *'Oxford* /'ɒksfəd/, *'breakfast* /'brekfəst/, *'cupboard* /'kʌbəd/, *'saucepan* /'sɔːspən/, *'shepherd* /'ʃepəd/, *'drunkard*, *'pleasure*, *'nature*, *'Parliament* /'pɑːləmənt/.

- Prononcez bien /bə'nɑːnə/ pour *banana*, avec schwa dans les syllabes faibles. Attention aux mots du type suivant, qui ont schwa dans la dernière syllabe (faible) malgré les graphies (trompeuses) *ace*, *ate* : *menace* /'menəs/, *senate* /'senət/, *palate* /'pælət/, *pirate* /'paɪrət/. Opposez *preface* /'prefəs/ à *grimace* /grɪ'meɪs/, ainsi que *climate* /'klaɪmət/ à *climax* /'klaɪm,æks/. À noter aussi : *spectator* /,spek'teɪtə°/, mais *orator* /'ɒrətə°/, *predator* /'predətə°/.
- Le suffixe -ATE se prononce /eɪt/ avec accent majeur dans les verbes de deux syllabes : *translate* /,træns'leɪt/, et accent mineur dans les verbes de plus de deux syllabes : *generate* /'dʒenə,reɪt/. Il se prononce généralement /ət/ (var. /ɪt/) dans les noms et les adjectifs : *delegate*, *deliberate*, etc. On opposera donc, par exemple, le verbe *delegate* /'delɪ,geɪt/ au nom *delegate* /'delɪgət/. Parmi les exceptions, notons le nom *candidate* /'kændɪ,deɪt/ (var. : /'kændɪdət/) et les adjectifs *ornate* /,ɔː'neɪt/, *sedate* /sɪ'deɪt/, *innate* /,ɪ'neɪt/, *irate* /,aɪ'reɪt/. Dans *debate* /dɪ'beɪt/, la finale n'est pas un suffixe.
- Les suffixes -OUS, -LESS et -NESS sont inaccentués et se prononcent /əs/, /ləs/, /nəs/ (variantes : /lɪs/, /nɪs/) : delicious /dɪ'lɪʃəs/ *carelessness* /'keələsnəs/. Le suffixe -FUL a un /l/ syllabique : *careful* /'keəf•l/. Dans *unless* /ən'les/ et *nevertheless* /,nevəðə'les/, la finale *-less* n'est pas un suffixe et elle est accentuée.

2.2 La voyelle /ɪ / en syllabe faible

La voyelle lâche /ɪ/ apparaît aussi bien en syllabe accentuée (voir §1) qu'en syllabe inaccentuée (= faible), contexte dans lequel elle est très fréquente.

Exemples en syllabe inaccentuée : *manage* /ˈmænɪdʒ/, *effect* /ɪˈfekt/, *pocket* /ˈpɒkɪt/, *promise* /ˈprɒmɪs/ (*cf. compromise* /ˈkɒmprəˌmaɪz/, *advise* /ədˈvaɪz/), *started* /ˈstɑːtɪd/, *cabbage* /ˈkæbɪdʒ/, *orange* /ˈɒrɪndʒ/, *deny* /dɪˈnaɪ/, *believe* /bɪˈliːv/, *receive* /rɪˈsiːv/. Notez aussi le /ɪ/ faible dans certains mots avec finale en ***ain*** ou ***ein*** : *bargain* /ˈbɑːgɪn/, *mountain* /ˈmaʊntɪn/ (var. /ˈmaʊntən/), *captain* /ˈkæptɪn/ (var. /ˈkæptən/), *fountain* /ˈfaʊntɪn/ (var. /ˈfaʊntən/), *sovereign* /ˈsɒvrɪn/ (var. /ˈsɒvrən/). Dans *circuit*, *conduit*, le ***u*** est muet : /ˈsɜːkɪt/, /ˈkɒndɪt/ ; la graphie ***ie*** correspond à /ɪ/ faible dans *mischief* /ˈmɪstʃɪf/, *mischievous* /ˈmɪstʃɪvəs/, *handkerchief* /ˈhæŋkətʃɪf/. À noter aussi : *women* /ˈwɪmɪn/, *pigeon* /ˈpɪdʒɪn/ ou /ˈpɪdʒən/, *business* /ˈbɪznɪs/, *biscuit* /ˈbɪskɪt/, *minute* /ˈmɪnɪt/. (Dans le sens de ‘minuscule’, ‘minutieux’, *minute* se prononce /ˌmaɪˈnjuːt/.) Il ne faut pas se laisser abuser par la graphie : *surface*, par exemple, n’a pas de diphtongue à la fin malgré la graphie ***ace***, et se prononce /ˈsɜːfɪs/.

La finale ***age*** est inaccentuée dans un grand nombre de polysyllabes, qu’il ne faut donc pas prononcer avec la diphtongue /eɪ/, mais avec /ɪ/ faible : *manage*, *cabbage*, *disparage* /dɪˈspærɪdʒ/, *hostage*, *luggage*, *village*, *language*, etc. Toutefois, certains mots ont une syllabe finale avec /ɑːʒ/ ; ex. : *espionage*, *camouflage*, *massage* /ˈmæsˌɑːʒ/, *mirage* /ˈmɪrˌɑːʒ/. (Pour les variantes de *garage* (/ˈgærˌɑːʒ/, etc.), voir ch. 4, §3.) Quand la finale ***age*** porte l’accent principal (ce qui est rare dans les polysyllabes), elle est évidemment prononcée /eɪdʒ/ : *assuage* /əˈsweɪdʒ/, *rampage* /ˌræmˈpeɪdʒ/. On a cette prononciation /eɪdʒ/ dans les monosyllabes : *rage*, *page*, etc.

Exemples avec /ɪ/ sous l’accent et /ɪ/ inaccentué (faible) : *image* /ˈɪmɪdz/, *inflict* /ɪnˈflɪkt/, *ticket* /ˈtɪkɪt/, *women* /ˈwɪmɪn/.

- Il existe un nombre relativement important de mots dans lesquels la voyelle /ɪ/ faible (non finale) est en variation avec /ə/. Exemples : *careless* = /ˈkeələs/ ou /ˈkeəlɪs/ ; *tempest* = /ˈtempɪst/ ou /ˈtempəst/ ; *palace* = /ˈpæləs/ ou /ˈpælɪs/.
- Nous avons vu (ch. 4) que la terminaison grammaticale -ED (prétérit, participe passé) se prononce /ɪd/ après /t, d/ ; exemple : *started* /ˈstɑːtɪd/. Cette terminaison est prononcée /əd/ par certains locuteurs : /ˈstɑːtəd/. Nous avons vu également que la terminaison -(E)S pour le pluriel des noms et la 3e pers. sing.

du présent des verbes se prononce /ɪz/ après une sibilante : *misses* /'mɪsɪz/. On observe la même variation que pour -ED, et on pourra entendre /'mɪsəz/.

2.3 Autres voyelles en syllabe faible

Les voyelles /ʊ/ et /u(ː)/ (voir ch. 3, §2) peuvent apparaître en syllabe faible, mais plus rarement que /ɪ/. Exemples : *valuable* = /'væljʊb•l/ ; *stimulate* /'stɪmju(ː),leɪt/, *museum* /mju(ː)'ziːəm/, *argument* /'ɑːgju(ː)mənt/. La voyelle /u(ː)/ faible a un allophone bref [u]. La voyelle /əʊ/ peut être faible en finale de mot, comme dans *fellow* /'feləʊ/, *potato* /pə'teɪtəʊ/.

La voyelle /i(ː)/ faible est fréquente en finale de mot, en variation avec /ɪ/ (voir ch. 3, §2). Exemples : *happy*, *city*, *money*, *coffee*, *committee*. Ce /i(ː)/ faible final est réalisé plus bref que sous l'accent : *city* = /'sɪti(ː)/ = ['sɪti]. Comparez *city* = /'sɪti(ː)/ = ['sɪti], et *settee* = /,se'tiː/ = [,se'tʰiː]. Notez la syllabe finale avec /i(ː)/ faible (toujours en variation avec /ɪ/) dans certains mots dont la graphie peut être trompeuse : *a'nemone*, *'recipe*, *ca'tastrophe*, *a'postrophe*, *a'pocope*, *'syncope*, *Pe'nelope*, etc.

En position inaccentuée et finale de mot, la voyelle /i(ː)/ est en variation avec /ɪ/, selon les locuteurs, les régions, et le contexte qui suit le mot. Ex. : *city* = /'sɪti(ː)/ (→ ['sɪti]) ou /'sɪtɪ/. Il peut en outre y avoir variation chez un même locuteur. De toutes façons, dans ce contexte, les deux phonèmes /i(ː)/ et /ɪ/ ne s'opposent pas : c'est un cas de neutralisation (voir ch. 1, §5) avec timbre variable. Le timbre est parfois d'un degré d'aperture intermédiaire, entre [i] et [ɪ]. Si on ajoute une terminaison grammaticale à un mot, le timbre choisi reste le même : *cities* se prononce /'sɪti(ː)z/ si on choisit de prononcer le singulier /'sɪti(ː)/, et se prononce /'sɪtɪz/ si on choisit la variante /'sɪtɪ/ au singulier.

Les voyelles /i(ː)/ et /u(ː)/ faibles peuvent apparaître avant une autre voyelle. Exemples : *theology* /θi(ː)'ɒlədʒi(ː)/, *union* /'juːni(ː)ən/, *alien* /'eɪli(ː)ən/, *influence* /'ɪnflu(ː)əns/. Dans ce contexte, ces voyelles /i(ː)/ et /u(ː)/ ont un allophone bref : [θi'ɒlədʒi], ['juːniən], ['eɪliən], ['ɪnfluəns]. (Sur la possibilité de variantes avec semi-voyelle, comme ['eɪljən] pour *alien*, voir plus loin.)

3. Les diphtongues

Pour la place de chaque diphtongue dans le trapèze et la direction des glissements, voir le chapitre 3. Les diphtongues (/eɪ/, /aɪ/, /ɔɪ/, /əʊ/, /aʊ/, /ɪə/, /eə/, /ʊə/) sont toujours fortes. Avant de passer à la description détaillée des diphtongues, nous donnons quelques conseils généraux.

Dans une diphtongue, il y a deux éléments : un timbre de départ et un timbre final (la « cible »), mais il s'agit d'un glissement progressif, et non d'un passage brusque d'un timbre à un autre ; la diphtongue est le sommet d'une seule syllabe, et il ne faut pas juxtaposer deux timbres vocaliques comme si on avait deux syllabes, comme dans le mot français *pays*, prononcé /pe•i/, en deux syllabes, sans diphtongue : les mots anglais *pay* et *mouse*, par exemple, se prononcent en une seule syllabe.

Il ne faut pas non plus que le deuxième élément soit une semi-voyelle comme /j/. La « cible », représentée par le deuxième signe (ex. : le /ɪ/ de /aɪ/, par exemple) n'est jamais vraiment atteinte : la partie finale (ɪ, ʊ) ne doit donc jamais être trop fermée. En outre, dans une diphtongue c'est le premier élément qui est dominant du point de vue accentuel, et il faut donc éviter de donner trop de relief au deuxième élément. Une transcription comme [maʊs] pour *mouse*, avec un deuxième élément plus faible, donne une meilleure idée de la prononciation.

3.1 La diphtongue /eɪ/ de *pay*

Cette voyelle est non labialisée. On part du degré d'aperture intermédiaire entre mi-fermé et mi-ouvert, comme pour /e/, et le glissement a pour cible un timbre de type /ɪ/. Il est important de partir d'un timbre ni trop ouvert ni trop fermé (entre la voyelle de *fée* et celle de *fer*). Quant au timbre final, il ne doit pas être plus fermé que /ɪ/. Il faut donc éviter un timbre de type /j/, comme dans le français *paye*, prononcé [pɛj], très différent de l'anglais *pay*, prononcé [p^heɪ]. Il ne faut pas non plus prononcer /eɪ/ comme une monophtongue, car cela aurait pour résultat un risque de confusion avec /e/ dans certains contextes. Comparez *bet* /bet/ avec une monophtongue, et *bait* /beɪt/ avec diphtongue. La diphtongaison est plus difficile à réaliser dans des mots comme *change*, *strange*, qui méritent un effort particulier à cause du groupe « lourd » (ndʒ) qui suit la diphtongue.

Exemples :
a + CV : *age, late, case, face, gate, basis, potato.*
a + ste : *haste, paste, waste, taste.*
a + nge : *change, range, strange, danger, angel.*
ai : *raise, train, gain, paid.* Attention : *says* = /sez/, *said* = /sed/.
ay : *say* /seɪ/, *may, tray, pay, day.*
ei : *vein, eight, weigh, weight, neighbour* (***gh*** muet).
ey : *grey, they.*
Graphies trompeuses : ***a*** dans *chamber*, *Cambridge* ; ***ea*** dans *break*, *steak*, *great* ; ***ae*** dans *Gaelic*. Mots dangereux : *gauge* /geɪdʒ/, *gaol* /dʒeɪl/ (= *jail*).

Dans les noms de jours (*Monday*, *Tuesday*, etc.), ainsi que *yesterday*, qui ont tous l'accent primaire sur la première syllabe, *-day* a /eɪ/, /i(ː)/ ou /ɪ/ ; ex. : *Monday* = /ˈmʌndˌeɪ/, /ˈmʌndi(ː)/, /ˈmʌndɪ/. Les mots *decade* /ˈdekˌeɪd/, *comrade* /ˈkɒmˌreɪd/, *detail* /ˈdiːˌteɪl/ ont l'accent primaire au début.

Notons que la finale inaccentuée ***ain*** ne se prononce pas avec /eɪ/ dans des mots comme *Britain* /ˈbrɪt•n/, *curtain* /ˈkɜːt•n/, *mountain* /ˈmaʊntɪn/. Le mot *albeit* se prononce /ˌɔːlˈbiːɪt/.

3.2 La diphtongue /aɪ/ de *time*

Si on observe bien les principes exposés ci-dessus pour /eɪ/, on n'aura aucun mal à prononcer correctement cette diphtongue. On part d'un timbre ouvert, qui ressemble à celui de la voyelle française de *patte*, la cible du glissement étant la même que pour /eɪ/. À nouveau, le timbre final ne doit surtout pas être trop fermé. Comparez le français *paille*, prononcé /paj/, avec le mot anglais *pie* /paɪ/, dont le timbre final est bien plus ouvert que celui de la semi-voyelle /j/. Il ne faut surtout pas oublier que la voyelle /ɪ/ a un degré d'aperture intermédiaire entre ceux des voyelles françaises de *ri* et *ré*.

Exemples :

i + CV : *ice, pipe, rice, write, fine, nice.*

i + CC : *kind, pint, child* (pluriel *children* avec /ɪ/), *island* /'aɪlənd/, *climb* (avec ***b*** muet).

igh : *sigh, sight, light, night, bright.*

eigh : *height.*

ei, ai : *either, neither, aisle* /aɪl/.

ie : *pie, lie, die, tried.*

y, ye : *by, try, cry, dry, dye.*

Notez aussi : *buy, guy, guide,* avec ***u*** muet ; ***ig*** dans *sign, benign, align, paradigm* /'pærə,daɪm/ ; *eye* /aɪ/ ; *viscount* = /'vaɪ,kaʊnt/. Le mot *wind* se prononce avec /ɪ/ dans le sens 'vent', et avec /aɪ/ dans le sens 'enrouler'. Le nom *life* a /aɪ/, le verbe *live* a /ɪ/, les adjectifs *alive, live,* ont /aɪ/ ; le pluriel de *life* est *lives* /laɪvz/, et la 3e pers. sing. du présent du verbe *live* est *lives* /lɪvz/. *N.B.* : *wild* se prononce /waɪld/, mais *wilderness* = /'wɪldənəs/ ; on a *midwife* /'mɪd,waɪf/, mais *midwifery* /'mɪdwɪfəri(:)/. La diphtongue peut être suivie d'une autre voyelle : *naive* /,naɪ'i:v/, *naiad* /'naɪ,æd/, *Pleiades* /'plaɪə,di:z/, *Cheyenne* /,ʃaɪ'æn/.

3.3 La diphtongue /ɔɪ/ de *boy*

On part d'un timbre intermédiaire entre mi-fermé et mi-ouvert (entre les voyelles cardinales N°6 et N°7), et labialisé. Le timbre d'arrivée est le même que pour /eɪ/ et /aɪ/, et les recommandations sont les mêmes que pour ces dernières voyelles.

Exemples :

oi, oy : *boy, toy, point, voice, foil, choice.* Attention au ***u*** muet dans *buoy* (homophone de *boy*), *buoyant, buoyancy.*

3.4 La diphtongue /əʊ/ de *go*

Cette diphtongue est, avec /eɪ/, celle que les francophones ont le plus tendance à réaliser de manière défectueuse, sans diphtongaison suffisante. Elle mérite par conséquent une attention particulière, et il faut absolument éviter de prononcer une monophtongue comme le /o/ français dans *sot*. La diphtongaison est aussi forte avant consonne, comme dans *smoke* /sməʊk/ qu'il faut nettement distinguer de *smock* /smɒk/. En RP, il est essentiel de partir d'un timbre situé en plein centre du trapèze, et non labialisé. L'arrondissement (assez faible) des lèvres doit être progressif.

On observe néanmoins qu'on a souvent un allophone [ɒʊ] quand la diphtongue est suivie d'un /l/ sombre : *old* = /əʊld/ = [ɒʊɫd].

Exemples :

o : *no, zero, so, go.*

o + Ce : *rope, nose, home, stone, clove, clover, cove, role, stove, grove, alone*. Rappel : *gone* = /gɒn/, *done* = /dʌn/.

o + CC : *most, gross, revolt, bolt, host, ghost, swollen, poll, roll, old, both, yolk, folk* (***l*** muet dans ces deux derniers mots).

oe : *toe, foe, hoe.*

ow : *grow, know, mow, snow, low, tow, blow.*

oa (non suivi de ***r***) : *boat, goal, goat, coal.*

ou (non suivi de ***r***), ***ough*** : *soul, shoulder, poultry, though.*

On a deux diphtongues à la suite dans *oasis* /ˌəʊˈeɪsɪs/.

Graphies trompeuses : ***oo*** dans *brooch*, ***eou*** dans *Seoul* /səʊl/ (homophone de *soul*), ***ew*** dans le verbe *sew, sewed, sewn*, ***o*** dans *won't, don't*, ***eau*** dans *bureau* /ˈbjʊərˌəʊ/, *portmanteau* /ˌpɔːtˈmæntˌəʊ/ ; les mots *control* /kənˈtrəʊl/, *roll, toll, scroll, poll* se prononcent avec /əʊ/, mais *doll* et *loll* se prononcent avec /ɒ/ ; *robot* = /ˈrəʊbˌɒt/.

Les graphies ***aw*** et ***au*** correspondent à /ɔː/ et non à /əʊ/ : *cause* /kɔːz/, *law* /lɔː/, *fault* /fɔːlt/. Exceptions : *mauve* /məʊv/, *chauffeur* /ˈʃəʊfə°/, *aubergine* /ˈəʊbəˌʒiːn/, *chauvinist* /ˈʃəʊvənɪst/, *chauvinism* /ˈʃəʊvəˌnɪzəm/.

3.5 La diphtongue /aʊ/ de *house*

Au départ on a un timbre ouvert, entre la voyelle cardinale N°4 et la voyelle cardinale N°5. On est donc un peu plus en avant que pour la voyelle de *car*, et on se dirige ensuite vers le timbre /ʊ/, comme pour /əʊ/, sans toutefois l'atteindre vraiment. Cette diphtongue ne présente pas de difficulté majeure. Il faut éviter d'accentuer le deuxième élément, car, comme pour toutes les diphtongues, c'est le premier élément qui est dominant (voir plus haut). Une diphtongue se prononce évidemment en une seule syllabe, et il ne faut surtout pas prononcer le /aʊ/ de *mouse* comme si on avait deux syllabes françaises du type *a•ou*, comme dans *maousse*.

Exemples :
ow : *now, town, growl, allow, brown, cow.*
ou : *foul, doubt, loud, sound, thousand, house, mouse.*
ough : *bough, plough.*

Chacune de ces graphies peut correspondre à d'autres phonèmes. Notons à ce propos que *bow, sow, row, lower* se prononcent différemment selon leur sens : *bow* = /bəʊ/ dans le sens de 'arc', et /baʊ/ dans le sens de 's'incliner' ; *sow* = /səʊ/ dans le sens de 'semer' (homophone de *sew* 'coudre'), et /saʊ/ dans le sens de 'truie' ; *row* = /rəʊ/ dans le sens 'rangée' ou 'ramer', et /raʊ/ dans le sens de 'querelle' ; *lower* = /ˈləʊə°/ dans le sens de 'plus bas' ou 'abaisser', et /ˈlaʊə°/ dans le sens de 'menacer, regarder de travers', etc.

3.6 Les diphtongues /ɪə/ (*beer*), /eə/ (*bear*), /ʊə/ (*boor*)

Ces trois voyelles sont des **diphtongues centralisantes** (angl. *centring diphthongs*), dont le deuxième élément est central et non labialisé. On glisse donc dans les trois cas vers le centre du trapèze, pour atteindre un timbre final de type /ə/. C'est le point de départ qui les distingue. Pour /ɪə/, on part d'une voyelle analogue à celle de *sit* ; pour /eə/, on part d'une voyelle un peu plus ouverte que celle de *bed*, proche de la voyelle cardinale N°3 (comme dans le mot français *fer*) ; pour /ʊə/, on part de la voyelle de *put*. Les diphtongues /ɪə/ et /eə/ ne sont pas labialisées du tout, et /ʊə/ a un premier élément légèrement labialisé. Pour la production de /ɪə/ et /ʊə/ il faut éviter de partir d'un timbre trop fermé, de type /i/ et /u/, au lieu des timbres corrects plus ouverts /ɪ/ et /ʊ/.

Exemples avec /ɪə/ :
ere : *mere, here, sphere.*

ear : *fear, dear, beard, hear, weary.*
eer : *deer, beer, cheer.*
er + V : *material, serial, cereal, hero, period.*
eir, ier : *weird, pierce, fierce, pier.*
ea : *idea, theatre.*
eo : *theory.*
oea : *diarrhoea* /ˌdaɪəˈrɪə/.

Veillez à bien diphtonguer /ɪə/ avant un /r/, comme dans *zero*, /ˈzɪər,əʊ/.

N.B. : *year* a deux variantes : /jɪə°/ et /jɜː°/.

La graphie de la diphtongue /ɪə/ ne comporte pas toujours de ***r*** : *idea*. La graphie ***ear*** correspond à plusieurs phonèmes : /ɪə/ (*fear* /fɪə°/), /eə/ (*bear* /beə°/), /ɜː/ (*pearl* /pɜːl/), /ɑː/ (*heart* /hɑːt/).

Exemples avec /eə/ :
are : *care, share, mare, rare, parent, area* /ˈeəri(ː)ə/.
ar + V : *vary, various, wary, Mary.*
air : *fair, fairy, pair, chair, air, hair.*
ear : *bear, pear, wear, tear* (dans le sens de 'déchirer').

Graphies plus rares : ***eir*** dans *heir, their* ; ***ere*** dans *there* ; ***ar + C*** dans *scarce* /skeəs/ (mais *sparse* = /spɑːs/, et *parse* = /pɑːz/) ; ***aer***, ***aor*** dans *aerial* /ˈeəri(ː)əl/, *aorist* /ˈeərɪst/. À noter : *tear* dans le sens de 'larme' se dit /tɪə°/. Mots dangereux : *mayor* /meə°/ ; *prayer* ('prière') /preə°/.

Exemples avec /ʊə/ :
oor : *boor, moor.*
our : *tour, tourist.*
ur + V : *sure, cure, pure, jury, curious. N.B.* : avec cette graphie on a souvent /jʊə/ (*pure* = /pjʊə°/). Veillez à bien prononcer /ʊə/ avant /r/, comme dans *spurious* /ˈspjʊəri(ː)əs/. Notez aussi *liqueur* /lɪˈkjʊə°/ (mais *liquor* = /ˈlɪkə°/).

Dans les variétés non rhotiques (voir ch. 4, §7) comme le RP, il est très important de ne pas prononcer le ***r*** graphique si ce dernier n'est pas suivi d'une voyelle. Exemples : *fear* /fɪə°/, *care* /keə°/, *moor* /mʊə°/ se prononcent sans /r/ avant une pause ou initiale consonantique, et avec /r/ final avant initiale vocalique (liaison). Exemple : *take care of him*, séquence dans laquelle *care* se prononce /keər/. Pour le ***r*** à l'intérieur du mot, comparez *caring* /'keərɪŋ/, avec ***r*** prononcé avant voyelle, et *scarce* /skeəs/, avec ***r*** muet avant consonne.

• On constate que la diphtongue /ʊə/ a été remplacée chez une grande partie des locuteurs par la voyelle /ɔː/ dans un certain nombre de mots fréquents. Ainsi, le mot *poor*, par exemple, sera prononcé /pɔː°/ au lieu de /pʊə°/. Cette variante /pɔː°/ est actuellement majoritaire ches les locuteurs du RP ou chez ceux qui ont un accent proche du RP. Comme le ***r*** graphique final de mot est muet en dehors des contextes de liaison, les trois mots *paw*, *pour*, *poor* deviennent homophones (avant consonne ou pause) dans cette variété d'anglais : *paw* = /pɔː/, *pour*, *poor* = /pɔː°/. Selon les mots sujets à variation (*poor*, *sure*, *tour*, *pure*, etc.), c'est la variante avec /ɔː/ ou la variante avec /ʊə/ qui est dominante. Bien entendu, il existe une grande quantité de mots qui n'ont que /ɔː/ sans variation (*door*, *pour*, *sauce*, etc.).

• Avant une pause, la voyelle /eə/ est souvent réalisée comme une monophtongue longue [ɛː] (timbre plus ouvert que [e]) : *there* = /ðeə°/ = [ðɛː].

Dans les syllabes faibles, on rencontre des séquences phonétiquement proches de /ɪə/ et /ʊə/, mais néanmoins différentes. Exemple : *period*, /'pɪəri(ː)əd/. La première syllabe (accentuée) de ce mot a pour sommet la diphtongue /ɪə/, mais ensuite on a la séquence de deux syllabes faibles /i(ː)/ + /ə/ (alors que les diphtongues /ɪə/, /ʊə/ et /eə/ ne sont jamais faibles). Exemple avec /u(ː)/ : *incongruous*, /ɪn'kɒŋgru(ː)əs/.

• Ces /i(ː)/ et /u(ː)/ faibles ont une réalisation abrégée : /'pɪəri(ː)əd/ = ['pʰɪəriəd], /ɪn'kɒŋgru(ː)əs/ = [ɪn'kʰɒŋgruəs]. Malgré cet abrègement, le timbre reste plus fermé que dans les diphtongues fortes /ɪə/ et /ʊə/. Lorsqu'elles précèdent une autre voyelle, les voyelles /i(ː)/ et /u(ː)/ faibles peuvent subir un processus de transformation en semi-voyelle [j] et [w] : *period* est prononcé soit ['pʰɪər•i•əd] en trois syllabes, soit ['pʰɪər•jəd] en deux syllabes.

• Les voyelles /iː/ et /uː/ peuvent aussi précéder /ə/ quand elles sont accentuées. Exemples : *freeer* /'friːə°/, *museum* /mju(ː)'ziːəm/, *bluer* /'bluːə°/, *jewel* /'dʒuːəl/, *cruel* /'kruːəl/. En parler rapide, ces séquences peuvent se transformer en diphtongues [ɪə] et [ʊə] : *jewel* = [ˈdʒuː•əɫ] (deux syllabes) ou [dʒʊəɫ] (une syllabe), *museum* = [mjuˈziː•əm] (trois syllabes) ou [mjuˈzɪəm] (deux syllabes).

Entraînement :

e	eɪ	aɪ	əʊ	aʊ
bet	*bait*	*bite*	*boat*	*about*
fell	*fail*	*file*	*foal*	*fowl*
iː	ɪə	eə	uː	ʊə
bee	*beer*	*bare*	*boo*	*boor*

4. Diphtongues + /ə/

Les combinaisons diphtongue + schwa sont souvent appelées **triphtongues** (angl. *triphthongs*). Ex. : *fire* = /ˈfaɪə°/.

L'anglais n'a pas de triphtongues comme phonèmes. Du point de vue phonologique, les triphtongues s'analysent comme des séquences de deux phonèmes : dans *fire* on a la diphtongue /aɪ/ + /ə/, et dans *flower* on a la diphtongue /aʊ/ + /ə/. Dans les graphies de ces triphtongues, on a souvent un ***r*** (*cf. fire*), mais ce n'est pas toujours le cas : on a /aɪə/ dans *Messiah* /məˈsaɪə/, *diamond*, *triumph*, *pious*, etc. Les diphtongues /eɪ/, /ɔɪ/, /əʊ/ peuvent, tout comme /aɪ/ et /aʊ/, être suivies de /ə/ : *player* /ˈpleɪə°/, *employer* /ɪmˈplɔɪə°/, *grower* /ˈgrəʊə°/.

Dans la réalisation phonétique, le second élément tend à être affaibli. Le mot *fire*, par exemple, se prononcera [ˈfaᴵə], avec un deuxième élément très faible, ou même [ˈfaːə], [fɑː], avec un premier élément long et omission totale du deuxième élément, et parfois même du troisième élément. Il en sera de même pour *flower*, prononcé [ˈflɑᵁə] ou [ˈflɑːə], [flɑː]. Au niveau phonétique, on a donc en fait souvent des réalisations simplement diphtonguées, ou même des monophtongues. Il faut par conséquent éviter le défaut qui consiste à prononcer le second élément comme [j] ou [w]. Les transcriptions [ˈfaᴵə] et [ˈflɑᵁə] pour *fire* et *flower* constituent à cet égard le meilleur guide pour la réalisation de ces séquences, car elle signalent bien le caractère très faible du second élément.

Les locuteurs qui « effacent » le second élément des triphtongues peuvent maintenir l'opposition entre /aɪ+ə/ et /aʊ+ə/, dans des mots comme *tyre* /'taɪə°/et *tower* /'taʊə°/, en ayant un timbre vocalique initial légèrement plus antérieur pour *tyre* que pour *tower* : *tyre* = ['taːə], *tower* = ['tɑːə]. Il arrive aussi que ces couples de mots soient complètement homophones. Les triphtongues /eɪ+ə/ et /ɔɪ+ə/ tendent à être prononcées [eːə] et [ɔːə] ; exemples : *player* = /'pleɪə°/ = ['pleːə] ; *employer* = /ɪm'plɔɪə°/ = [ɪm'plɔːə]. La triphtongue /əʊ+ə/, comme dans *grower*, est parfois prononcée [ɜː], se confondant ainsi avec le phonème /ɜː/. L'étudiant doit être conscient de ces processus de réduction, afin d'être mieux armé pour comprendre les locuteurs, mais dans son usage personnel il évitera les réductions extrêmes allant jusqu'à l'homophonie.

Exercices

1. Identifiez les voyelles des mots suivants : *load, laid, led, lard, lot, lid, lead, lump, Luke, look, good, foot, fool, full, plaid, break, bread, steak.*

2. Transcrivez les mots suivants : *country, county, among, tongue, oven, blood, goes, does, man, men, woman, women, village, manage, orange, minute* (nom), *journey, scourge, work, walk, hear, heard, say, said, says, juice.*

3. Quelle est la particularité de /ə/ en relation avec l'accent ?

4. Dans la liste suivante, trouvez les homophones : *cot, caught, cart, coat, court*. Transcrivez ces mots.

5. Transcrivez les mots *colonel, kernel, serial, cereal, idle, idol.* Que constatez-vous ?

6. Retrouvez l'orthographe des mots suivants : juːθ 'θɜːsti(ː) dɔːn kɔːd gɔːd bɔːn bəʊn mʌnθs breθ briːð fɪfθ 'wɪkɪd

6

ACCENTUATION, RYTHME, INTONATION

La question de l'accentuation a déjà été abordée (voir ch. 1, §6, ch. 3, §2 et ch. 5, §2). Dans ce chapitre, la question de l'accent de mot est approfondie (règles pour la place de l'accent, rôle de la morphologie, etc.), et les autres problèmes prosodiques (rythme, intonation) sont également étudiés.

1. Analyse morphologique du mot

Avant d'aborder la question de la place des accents, il nous faut connaître les notions fondamentales de morphologie utiles pour les règles d'accentuation.

Il existe des mots **simples** et des mots **composés** (angl. *compound*). Dans un composé, les différents éléments sont (le plus souvent) des mots (simples) : dans le composé *ice-cream*, par exemple, on a les deux mots simples *ice* et *cream*.

Les mots simples se subdivisent à leur tour en mots **primaires** et mots **dérivés** (angl. *derivatives*). Le mot (simple) *fair* est un mot primaire, inanalysable. Les mots *unfair* et *fairly* sont des dérivés, parce que, en plus de la **racine** (angl. *root*) FAIR, ils contiennent un **affixe dérivationnel** (angl. *derivational affix*), qui peut être un **préfixe** (angl. *prefix*) ou un **suffixe** (angl. *suffix*) : dans le cas de *unfair* l'affixe est le préfixe UN- (placé à gauche), et dans le cas de *fairly* l'affixe est le suffixe -LY (placé à droite). (Le mot *unfairly* a un préfixe et un suffixe.) Les mots primaires sont des mots qui n'ont pas d'affixe dérivationnel.

Les mots variables (simples ou composés, primaires ou dérivés) peuvent en outre avoir un **suffixe flexionnel** (angl. *inflectional suffix*), c'est-à-dire une terminaison grammaticale. Ex. : la forme de prétérit *liked* a le suffixe flexionnel -ED.

- Les éléments morphologiques (mots, racines, affixes, etc.) sont séparés par des **frontières** (angl. *boundary*). Nous distinguerons la frontière forte, symbolisée par le signe #, et la frontière faible, symbolisée par le signe +. Ex. : *divin+ity*, *ice#cream*. Le rôle de ces frontières est expliqué plus loin.
- On appelle **base** (angl. *base*) la structure à laquelle on ajoute un affixe. Ex. : le mot *drinkable* est dérivé de la base *drink*, et le mot *undrinkable* est dérivé de la base *drinkable*.
- On appelle **forme libre** (angl. *free form*) tout élément ou séquence d'éléments pouvant constituer un mot indépendant ; dans les autres cas, on a une **forme liée** (angl. *bound form*). Ex. : dans *acceptable*, la base ACCEPT- est une forme libre ; dans *separate*, *separable*, la base SEPAR- est une forme liée. Les affixes sont des formes liées.

2. LE RYTHME ACCENTUEL DU MOT

Dans la suite, nous utilisons les chiffres **1**, **2** (et éventuellement **3**) pour les accents majeurs : accent primaire = (accent) 1, accent secondaire = (accent) 2, etc. Pour la hiérarchie accentuelle (accents majeurs, mineurs, etc.), on se reportera au ch. 1, §6 et au ch. 3, §2.

En français, la syllabe est l'unité rythmique fondamentale, ce qui fait dire que le français est une langue à rythme syllabique. En anglais, le **rythme** (angl. *rhythm*) naît de l'alternance entre syllabes fortes et faibles : il s'agit d'un rythme accentuel. L'unité rythmique de base en anglais est non pas la syllabe, mais un groupement de syllabes qu'on appelle le **pied** (angl. *foot*). Chaque pied comprend une ou plusieurs syllabes, le principe étant qu'on a une syllabe forte (et une seule) par pied. Si un pied a plusieurs syllabes, la première est forte et les suivantes sont faibles. Avec chaque nouvelle syllabe forte commence un nouveau pied. Par conséquent, chaque signe accentuel (accent majeur ou mineur) dans nos transcriptions signale le début d'un pied, comme dans ces exemples :

referee ˌrefəˈriː *explanation* ˌeksplәˈneɪʃ•n

justify	ˈdʒʌstɪˌfaɪ	*politics*	ˈpɒlɪˌtɪks
magnetic	ˌmægˈnetɪk	*magnetism*	ˈmægnəˌtɪzəm

Un pied de deux syllabes a en gros la même durée qu'un pied d'une seule syllabe ; autrement dit, la deuxième syllabe d'un pied n'augmente pas la durée globale de ce pied. Si le pied a plus de deux syllabes, sa durée augmente, mais pas de manière strictement proportionnelle au nombre de syllabes. Ces principes expliquent (en partie) la réduction vocalique en syllabe faible : dans un énoncé, la forme *taken*, avec deux syllabes (mais un seul pied), n'a pas plus de durée que la forme *take*.

Le retour périodique des accents fonde le rythme anglais. Il faut toutefois distinguer de ce point de vue les accents majeurs et les accents mineurs. En effet, l'anglais accepte la juxtaposition d'accents si l'un des deux (au moins) est mineur : dans *profile* /ˈprəʊfˌaɪl/ (deux pieds), la syllabe porteuse de l'accent 1 est suivie d'une autre syllabe forte, mais celle-ci n'a qu'un accent mineur. Autre exemple : *shampoo* /ˌʃæmˈpuː/ (accent mineur + accent 1). En revanche, l'anglais évite la juxtaposition d'accents majeurs (surtout dans le mot simple) ; comparez *contribute* /kənˈtrɪbˌjuːt/ (un seul accent majeur) et *contribution* /ˌkɒntrɪˈbjuːʃ•n/ (deux accents majeurs, mais non juxtaposés). Par ailleurs, tout polysyllabe doit avoir un accent majeur sur l'une des deux premières syllabes (*cf. contribution*). Le rythme du mot anglais obéit donc à des principes très généraux. Ces **principes rythmiques** régissent les **alternances** entre les accents majeurs dans le mot, et permettent de prévoir la présence, et, très souvent, la place de l'accent 2. Nous les résumerons ainsi :

(a) dans tout polysyllabe, l'une des deux premières syllabes comporte nécessairement un accent majeur ;

(b) l'anglais évite la juxtaposition de deux accents majeurs dans le mot simple.

Exemples : *introduce* /ˌɪntrəˈdjuːs/, *entertain* /ˌentəˈteɪn/. Dans ces mots, l'accent 1 est sur la finale, qui est précédée de deux syllabes. Un accent 2 doit donc être affecté à la première syllabe.

Remarques :

- La lettre ***i*** suivie d'une autre voyelle correspond au phonème /i(:)/ (faible), qui compte pour une syllabe : *idiotic* /ˌɪdi(:)ˈɒtɪk/. Notez aussi des cas comme *inferiority* /ɪnˌfɪəri(:)ˈɒrəti(:)/ (*cf. inferior* /ɪnˈfɪəri(:)ə°/).
- L'accent majeur le plus à droite dans les mots simples est l'accent 1. Les seules exceptions sont des cas où un préfixe porte l'accent 1 : *subdivision* /ˈsʌbdɪˌvɪʒ•n/. Il existe des cas où la juxtaposition de deux accents majeurs est permise dans le mot simple (préfixé) : voir §8. Pour les composés, voir §7.

3. Le principe d'analogie

Lorsque la syllabe porteuse de l'accent 1 est précédée de plus de deux syllabes, les principes rythmiques ne suffisent pas à prédire la place de l'accent 2. Voyons l'exemple de *origi**na**lity*. Sous l'effet d'une règle générale (voir §5), l'accent 1 est sur la syllabe qui précède le suffixe -ITY. Cette syllabe porteuse de l'accent 1 est précédée de trois syllabes, et la question est la suivante : laquelle des deux premières portera l'accent 2 ? Les principes rythmiques sont ici complétés par le **principe d'analogie**, qui consiste à regarder quelle est l'accentuation de la base qui a servi dans la formation du dérivé, c'est-à-dire le mot plus simple à partir duquel *origi**na**lity* est (directement) formé, et à placer l'accent 2 par analogie avec le schéma accentuel de ce mot. Ce mot plus simple, dans notre exemple, est *o**ri**ginal* (lui-même dérivé de ***o**rigin*, qu'il ne faut prendre pas en considération, car *origi**na**lity* n'est pas dérivé directement de lui). On regarde dans *o**ri**ginal* le degré d'accent des syllabes susceptibles de porter l'accent 2 dans *origi**na**lity*, et on choisit, par analogie, celle de ces syllabes qui a le degré d'accent le plus fort dans *o**ri**ginal*. L'accent 2 de *origi**na**lity* sera placé sur la syllabe en question (en gras dans *o**ri**ginal*), ce qui nous donne /əˌrɪdʒəˈnæləti(:)/.

Autre exemple : *mathema**ti**cian*. Le suffixe -IAN se comporte comme -ITY (accent 1 sur la syllabe qui le précède, en gras). En vertu des principes rythmiques, seules les deux premières syllabes (*mathe-*) sont *a priori* susceptibles de porter l'accent 2 ; la question est laquelle des deux le portera. Pour placer l'accent 2, il faut donc faire jouer le principe d'analogie et examiner les degrés d'accent des syllabes qui nous intéressent (*mathe-*) dans ***mathematics*** /ˌmæθəˈmætɪks/. Dans ce mot, la première syllabe (*math-*) est plus forte que la suivante. Le dérivé ***mathematician*** garde donc un accent 2 sur la première syllabe : /ˌmæθəməˈtɪʃ•n/.

4. L'ACCENTUATION DES MOTS PRIMAIRES

En anglais, on ne peut pas prédire le schéma accentuel de tous les mots primaires polysyllabiques de manière mécanique, automatique, en faisant appel à des critères purement phonologiques. Comparez, par exemple : *scallop* /ˈskɒləp/, *shallot* /ʃəˈlɒt/ ; *label* /ˈleɪb•l/, *lapel* /ləˈpel/ ; *alley* /ˈæli(ː)/, *ally* (nom) /ˈælˌaɪ/, *ally* (verbe) /əˈlaɪ/. Le caractère non automatique de l'accentuation est particulièrement net dans le cas de l'accent mineur. Comparez : *heron* /ˈherən/, *moron* /ˈmɔːrˌɒn/ ; *hazard* /ˈhæzəd/, *mallard* /ˈmælˌɑːd/ ; *gallop* /ˈgæləp/, *robot* /ˈrəʊbˌɒt/.

La place de l'accent 1 dans le mot primaire obéit néanmoins très souvent à des principes généraux (voir plus loin), et certains schémas sont récurrents. Il existe donc des tendances (mais aussi de nombreux contre-exemples à ces tendances).

Voici quelques exemples de schémas accentuels pour le mot primaire (^{1} = accent 1, ^{2} = accent 2) :

— Mots de deux syllabes :

- Accent 1 initial, syllabe finale faible : *^{1}husband*, *^{1}crescent*, *^{1}lemon.*
  Notez l'accentuation des mots suivants : *follow* /ˈfɒləʊ/, *borrow* /ˈbɒrəʊ/, *hollow* /ˈhɒləʊ/, *fellow* /ˈfeləʊ/.
- Accent 1 initial, accent mineur sur la finale : *^{1}climax*, *^{1}profile*, *^{1}rabbi* /ˈræbˌaɪ/, *^{1}textile.*
- Accent 1 sur la finale, syllabe initiale faible : *ar^{1}rive*, *a^{1}gree*, *gi^{1}raffe*, *se^{1}rene*, *patrol* /pəˈtrəʊl/, *caress* /kəˈres/.
- Accent 1 sur la finale, accent mineur au début : *cam^{1}paign*, *sham^{1}poo.*

• La majorité des mots de deux syllabes ont l'accent 1 sur l'initiale, mais le schéma avec l'accent 1 sur la finale est néanmoins favorisé chez les verbes et les adjectifs par la présence d'une voyelle longue dans la deuxième syllabe (*oˈbey*, *diˈvine*), ou par la présence de deux consonnes finales (*eˈlect*, *deˈtect*, *arˈrest*, *aˈdopt*). Chez les noms de deux syllabes, l'accent 1 est le plus souvent initial (*ˈtribute*), mais il existe des contre-exemples (*ceˈment*, *laˈpel*, *shalˈlot*, *eˈclipse*).

• Il existe un certain nombre de **couples verbes/noms de deux syllabes** avec graphie identique, mais accentuation différente : accent 1 final pour le verbe, accent 1 initial pour le nom. Ex. : *record*, *escort*, *desert*, *insult*, *survey*, *rebel*, etc. Comparons le verbe *record* et le nom *record* : le verbe se prononce /rɪˈkɔːd/ et le nom se prononce /ˈrekˌɔːd/, avec accent 1 sur la première syllabe, et préservation d'un accent mineur sur la deuxième. Certaines de ces formes peuvent être considérées comme préfixées (ex. : *import*, *export* ; voir §8). Que l'on ait affaire à des mots primaires ou à des mots préfixés, l'alternance accentuelle n'est de toutes façons pas générale, et il existe des couples avec accentuation identique. Ex. : *diˈvorce*, *conˈcern*, *reˈward*, *aˈward*, *reˈturn*, *deˈmand*, avec accent 1 final, et *ˈcomment*, *ˈcomfort*, *ˈforecast* avec accent 1 initial.

— Mots de trois syllabes :

• Accent 1 sur l'initiale, suivie de deux syllabes faibles : *ˈcinema*.

• Accent 1 sur l'initiale, voyelle longue avec accent mineur dans la dernière syllabe (= cas très fréquent) : *ˈappetite*, *ˈanecdote*, *ˈantelope*, *ˈporcupine*, *ˈnightingale*, *seminar* /ˈsemɪˌnɑː°/.

On a souvent ce schéma quand la dernière syllabe a une voyelle longue entravée (= suivie d'une ou plusieurs consonnes finales).

• Accent 1 sur l'avant-dernière, initiale et finale faibles : *enˈcounter*, *aˈmalgam*, *Orion* /əˈraɪən/, *aˈroma*, *hoˈrizon*.

Ce schéma est favorisé par la présence d'une voyelle longue dans l'avant-dernière syllabe (*horizon*). Il est également fréquent quand la voyelle accentuée est suivie d'un **groupe lourd** (= deux consonnes dont la deuxième n'est pas /r/) : *reˈmember*, *aˈgenda*, *eˈnigma*. (Comparez *enigma* /ɪˈnɪg•mə/, avec le groupe lourd /g•m/, et *algebra* /ˈældʒ•əb•rə/, avec le groupe « léger » /b•r/.)
Certains mots ne suivent pas le schéma attendu : *ˈcalendar* /ˈkæləndə°/, *ˈcucumber*, *ˈancestor*, *ˈorchestra*, *ˈcharacter* /ˈkærəktə°/, par exemple, ont

l'accent 1 au début malgré un groupe lourd dans l'avant-dernière syllabe ; *va^{1}nilla* /və'nɪlə/ a l'accent 1 sur l'avant-dernière, malgré une voyelle brève et l'absence de groupe lourd. (Le double ***ll*** de la graphie, « groupe graphique lourd », signale en fait ici la place de l'accent 1.)

• Accent 1 sur la finale, accent 2 sur l'initiale (*cf.* principes rythmiques) : *^{2}kanga^{1}roo*, *^{2}maga^{1}zine*, *^{2}vio^{1}lin*, *^{2}enter^{1}tain*, *^{2}resur^{1}rect*.

— Mots de quatre syllabes :

• Accent 1 sur l'avant-avant-dernière : *rhi^{1}noceros* /ˌraɪ'nɒsərəs/, *A^{1}merica* /ə'merɪkə/,*ca^{1}tastrophe* /kə'tæstrəfi(ː)/.

• Accent 1 sur l'initiale, suivie de syllabes faibles : *^{1}category*, *^{1}melancholy* /'melənkəli(ː)/. Notez que, dans ce dernier mot, le groupe lourd (nk) n'attire pas l'accent 1.

• Accent 1 sur l'initiale, accent mineur sur l'avant-dernière : *^{1}caterpillar* /'kætəˌpɪlə°/, *^{1}salamander* /'sæləˌmændə°/.

• Quel que soit le nombre de syllabes, lorsqu'une voyelle finale s'écrit avec une seule lettre, l'accent 1 est le plus souvent sur l'avant-dernière : *ve^{1}randa*, *to^{1}mato*, *to^{1}bacco*, *spa^{1}ghetti* (mais ce n'est pas automatique : *^{1}broccoli* a l'accent 1 sur l'initiale).

• Les graphies ***aa***, ***oo*** et ***ee*** signalent en général l'accent 1 sur la finale : *sa^{1}loon*, *co^{1}coon*, *ta^{1}boo*, *^{2}chimpan^{1}zee*, *ba^{1}zaar*, *sham^{1}poo*, *^{2}kanga^{1}roo*, *bam^{1}boo*, *la^{1}goon*, *ba^{1}boon*, mais il existe des contre-exemples: *^{1}coffee*, *^{1}pedigree*, *^{1}igloo*, *^{1}cuckoo*, *^{1}toffee*, *^{1}Yankee*, par exemple, ont l'accent 1 sur l'initiale, et *com^{1}mittee* est accentué sur l'avant-dernière.

• Les verbes terminés par *-ish* ont l'accent 1 sur l'avant-dernière syllabe (avec voyelle brève) : *punish* /'pʌnɪʃ/, *abolish* /ə'bɒlɪʃ/.

5. Suffixes et accentuation

La morphologie interagit avec la phonologie (place de l'accent) dans le cas des dérivés suffixés. Ex. : dans *complexity* /kəm'pleksəti(ː)/, la place de l'accent 1 est conditionnée par le suffixe -ITY (voir plus loin), qui le « fixe » sur la syllabe qui le précède. En anglais, on distinguera deux types de suffixes selon qu'ils exercent ou non un effet sur l'accentuation du dérivé. Les mots *instinct*, *instinctive*, *instinctively* illustrent bien la différence entre ces deux types de suffixes. Quand on ajoute le suffixe -IVE à *¹instinct* /ˈɪnstɪŋkt/, l'accent 1 se déplace : *in¹stinctive* /ɪnˈstɪŋktɪv/ ; quand on ajoute le suffixe -LY à *instinctive*, le schéma accentuel de la base (*in¹stinctive*) reste intact : /ɪnˈstɪŋktɪvli(ː)/. On dit que le suffixe -LY est un suffixe neutre, et que le suffixe -IVE est un suffixe non neutre. On distinguera donc :

(a) les **suffixes neutres** (angl. *neutral suffixes*), qui sont sans effet sur le schéma accentuel de la base ;

(b) les **suffixes non neutres** (angl. *non-neutral suffixes*), qui fixent la place de l'accent 1 et entraînent éventuellement un **déplacement d'accent** (angl. *stress-shift*), comme dans *¹instinct*, *in¹stinctive*.

Une frontière forte (#) sépare la base du suffixe neutre, et une frontière faible (+) la sépare du suffixe non neutre : *instinct+ive*, *instinctive#ness*. Le degré d'autonomie des différents éléments (base, suffixe) est plus élevé avec # qu'avec +, et c'est ce qui explique les différences du point de vue accentuel. (La frontière # « protège » la base.)

De nombreux mots ont la structure complexe {racine + suffixe(s) non neutre(s) # suffixe(s) neutre(s)}. Ex. : *laboriousness* /ləˈbɔːri(ː)əsnəs/, avec le suffixe non neutre -IOUS suivi du suffixe neutre -NESS (mot primaire : *labour*) : *labor+ious*, *laborious#ness*. Le suffixe -IOUS fixe l'accent 1 sur la syllabe (/bɔːr/) qui le précède, ce qui entraîne un déplacement d'accent par rapport à la base *labour* /ˈleɪbə°/ ; la présence du suffixe neutre -NESS (après le suffixe non neutre -IOUS) ne change rien au schéma accentuel de la base *laborious* /ləˈbɔːri(ː)əs/. La méthode est donc la suivante : pour procéder à l'analyse d'un mot, il faut commencer par enlever tous les suffixes neutres, pour ensuite repérer les suffixes non neutres, et alors seulement placer l'accent 1 en fonction des règles (voir plus loin). Dans le cas de *laboriousness*, il faut enlever le suffixe neutre -NESS, puis procéder à l'analyse de la base *laborious*.

Notons qu'on peut avoir plusieurs suffixes de même type à la suite. Les mots suivants ont deux suffixes neutres : *carefulness* (avec -FUL et -NESS), *unfeelin-*

gly (avec -ING et -LY), *hopelessness* (avec -LESS et -NESS). Le mot *productivity* /ˌprɒdˌʌk'tɪvəti(ː)/ a deux suffixes non neutres (-IVE et -ITY).

(a) Les principaux **suffixes dérivationnels neutres** sont :

-ED	*educated*	-ING	*interesting*
-DOM	*martyrdom*	-NESS	*distinctiveness*
-FUL (adj.)	*fanciful*	-FUL (noms)	*tablespoonful*
-LESS	*penniless*	-HOOD	*likelyhood*
-SHIP	*horsemanship*	-ISH (adj.)	*yellowish*
-LY (adv.)	*beautifully*	-LY (adj.)	*cowardly*
-ER	*lecturer*	-OR	*governor*
-LIKE	*ladylike*	-WARD(S)	*eastward*
-Y (adj.)	*lucky*	-Y (noms)	*delivery*
-EN (adj.)	*golden*	-EN (verbes)	*freshen*
-WAYS	*sideways*	-LET	*booklet*

Le suffixe -MENT est le plus souvent neutre également (*disagreement*).

Les suffixes de cette liste ne causent strictement aucune modification phonologique de la base à laquelle ils sont ajoutés : ils ne modifient ni le schéma accentuel, ni les phonèmes. Il existe aussi des suffixes sans effet sur le schéma accentuel de la base, mais qui sont néanmoins susceptibles de modifier la structure phonémique de cette base. Ex. : les suffixes -IZE, -IST et -ISM, qui sont presque toujours neutres pour ce qui est de l'accent, causent le remplacement d'un /k/ final de la base (ex. : *critic* /'krɪtɪk/) par /s/ dans les dérivés : *criticize* /'krɪtɪˌsaɪz/, *criticism* /'krɪtɪˌsɪzəm/.

Les suffixes flexionnels (ex. : -ED pour les verbes, -ES pour les verbes et les noms, -ING pour les verbes, etc.) sont toujours neutres.

(b) Voyons à présent le « comportement » des **suffixes non neutres**. On peut distinguer deux sous-types de suffixes non neutres :

1. ceux qui fixent l'accent 1 sur l'une des syllabes précédentes, comme -IC dans *oceanic* /ˌəʊʃi(ː)'ænɪk/ (base : *ocean* /'əʊʃ•n/) ;

2. ceux qui attirent l'accent 1 sur eux-mêmes, comme -ESE dans *Japanese* /ˌdʒæpə'niːz/ (base : *Japan* /dʒə'pæn/). Ces suffixes sont appelés **suffixes auto-accentués** (angl. *auto-stressed suffixes*).

— Les principaux suffixes auto-accentués sont -EE, -ETTE, -EER, -ESE, -TEEN, -ESQUE, -ET, -IER, -ADE, -AIRE, -ITIS. Exemples : *refugee*, *kitchenette*, *mountaineer*, *Japanese*, *fourteen*, *picturesque*, *quartet*, *grenadier*, *lemonade*, *millionaire*, *tonsillitis*. Si ces mots ont plus de deux syllabes, il y a évidemment un accent 2 : *grenadier* = /ˌgrenə'dɪə°/. Rappel : *committee* : /kə'mɪti(:)/ ; dans *coffee* /'kɒfi(:)/, ***ee*** n'est pas un suffixe.

— On peut observer dans les séries suivantes le rôle des suffixes non neutres du premier sous-type (-IC etc.), ainsi que la manière dont s'appliquent les principes rythmiques et le principe d'analogie expliqués plus haut :

ad^{1}vantage, *^{2}advan^{1}tageous*, *e^{1}lectric*, *^{2}elec^{1}tricity*, *^{1}person*, *^{1}personal*, *^{2}perso^{1}nality*, *per^{1}sonify*, *per^{2}sonifi^{1}cation*, *^{1}idiot*, *^{2}idi^{1}otic*, *^{1}special*, *^{2}speci^{1}ality*, *pe^{1}culiar*, *pe^{2}culi^{1}arity*, *^{1}infant*, *in^{1}fanticide*.

Les exemples montrent que les suffixes -EOUS, -IC, -ITY, -IFY, -ION (entre autres) fixent l'accent 1 sur la syllabe qui les précède, et que -CIDE le fixe deux syllabes avant lui. On notera les déplacements d'accent et les alternances (voir plus loin §6).

Principe du dernier suffixe non neutre

Lorsqu'un mot comporte plusieurs suffixes non neutres, c'est celui qui est placé le plus à droite qui détermine en dernière instance la place de l'accent 1 ; comparez l'accentuation de *productivity* /ˌprɒd,ʌk'tɪvəti(:)/ avec celle de sa base *productive* /prə'dʌktɪv/, mot lui-même dérivé de *product* /'prɒd,ʌkt/. Le suffixe -IVE fixe l'accent 1 sur la syllabe qui le précède (dʌkt) dans *productive*, mais si on ajoute -ITY à sa droite, c'est ce dernier qui fixe l'accent 1 sur la syllabe /tɪv/. **La place de l'accent se détermine donc en analysant le mot de droite à gauche**.

De nombreux suffixes non neutres **fixent l'accent 1 sur la syllabe qui les précède** (voir ci-dessus). Voici les plus courants :

-EAR, -IAR, -EOUS, -IOUS, -UOUS, -IAL, -UAL, -IAN, -IC, -EFY, -IFY, -ION, -ETY, -ITY.

Exemples : *^{1}linear*, *fa^{1}miliar*, *spon^{1}taneous*, *cou^{1}rageous*, *am^{1}bitious*, *my^{1}sterious*, *con^{1}spicuous*, *con^{1}tinuous*, *^{2}indi^{1}vidual*, *co^{1}median*, *^{2}poli^{1}tician*, *e^{1}lectrify*, *per^{1}sonify*, *di^{1}scretion*, *ex^{1}plosion*, *pro^{1}fession*, *di^{1}scussion*, *ca^{1}lamity*, *di^{1}vinity*, *ver^{1}bosity*, *^{2}oppor^{1}tunity*, *^{2}speci^{1}ality*, *spe^{1}cific*, *^{2}conti^{1}nuity*, *^{2}eco^{1}nomic*, *^{2}tele^{1}graphic*, *a^{1}coustics*, *dra^{1}matic*, *a^{1}tomic*, *^{2}scien^{1}tific*.

Il existe un certain nombre d'exceptions, parmi lesquelles nous mentionnerons : (a) avec -UAL : *^{1}spiritual* ; (b) avec -ION : *^{1}television* ; (c) avec -IC : *^{1}Arabic*, *^{1}rhetoric*, le nom *a^{1}rithmetic* (l'adjectif *^{2}arith^{1}metic* est régulier), *^{1}choleric*, *^{1}catholic*, *^{1}heretic* (nom), *^{1}chivalric*, *^{1}lunatic*, *^{1}politics*. Si on ajoute un autre suffixe, le terme de base redevient régulier : *ca^{1}tholicism*, *po^{1}litical*, *rhe^{1}torical*, *he^{1}retical*.

Le suffixe -ATE

Ce suffixe (non neutre) a un comportement assez complexe.

— Quand il sert à former des verbes, le suffixe -ATE porte lui-même l'accent 1 si le dérivé verbal n'a que deux syllabes : *cre^{1}ate*, *dic^{1}tate*, *trans^{1}late* ; si le dérivé verbal a trois syllabes ou plus, l'accent 1 est sur l'avant-avant-dernière syllabe et -ATE a un accent mineur : *^{1}demonstrate*, *an^{1}ticipate* ; il y a quelques exceptions à ce principe : dans les mots comme *a^{1}meliorate* /ə'miːli(ː)ə,reɪt/, par exemple, avec accent 1 trois syllabes avant -ATE, l'accent 1 ne peut être associé à un /i(ː)/ suivi d'une autre voyelle, et il recule d'une syllabe.

Notez que -ATE se prononce toujours /eɪt/ dans les verbes, quelle que soit la place de l'accent 1.

— Les noms et adjectifs en -ATE ont l'accent 1 sur l'initiale s'ils ont deux syllabes, et sur l'avant-avant-dernière syllabe dans les autres cas, avec en général une voyelle réduite pour le suffixe -ATE : *^{1}private*, *^{1}passionate*, *e^{1}laborate*, *^{1}advocate* ; comparez le nom *^{1}advocate* ['ædvəkət] et le verbe *^{1}advocate* /'ædvə,keɪt/, par exemple.

Les adjectifs *ornate* /,ɔː'neɪt/, *sedate* /sɪ'deɪt/, *innate* /,ɪ'neɪt/, *irate* /,aɪ'reɪt/, qui sont des exceptions, ont été vus au ch. 5, §2.

Suffixes « mixtes »

Certains suffixes ont un comportement « mixte » : ils sont parfois neutres, et parfois non neutres. Nous mentionnons ici les plus courants.

• Les suffixes -ABLE et -IBLE sont neutres si la base est une forme libre (voir §1) : *accept* /ək'sept/, *acceptable* /ək'septəb'l/, mais ils sont non neutres dans les autres cas : *cf. hospitable* /ˌhɒ'spɪtəb•l/, *interminable* /ɪn'tɜːmɪnəb•l/. Il y a toutefois des exceptions : *admire* = /əd'maɪə°/, mais *admirable* = /'admərəb•l/, avec déplacement accentuel (malgré une base libre).

• Le suffixe -AL (à distinguer des suffixes -UAL et -IAL) est neutre s'il est ajouté à une forme verbale libre pour former un nom : *re^{1}fuse*, *re^{1}fusal* ; il est neutre également quand il est ajouté après -IC ou -ION (qui sont eux-mêmes non neutres) : *^{2}psycho^{1}logical*, *^{2}edu^{1}cational* ; -AL est en général non neutre quand il sert à former des adjectifs : *^{1}personal*, *pro^{1}nominal*, *o^{1}riginal* (*cf. ^{1}origin*), *^{2}uni^{1}versal* (*cf. ^{1}universe*), *pa^{1}rental* (*cf. ^{1}parent*), etc. Dans les finales *-ental*, *-ernal*, l'accent 1 est sur *-ent*, *-ern* : *e^{1}ternal*, *^{2}govern^{1}mental* (*cf. ^{1}government*). Notez aussi le schéma de *^{2}adjec^{1}tival* (*cf. ^{1}adjective*), *^{2}geni^{1}tival* (*cf. ^{1}genitive*), etc.

• Le suffixe -OUS (à distinguer de -EOUS, -IOUS, -UOUS) est parfois neutre : *de^{1}sirous* (*cf. de^{1}sire*) ; toutefois, il est plus souvent non neutre : *sy^{1}nonymous*, *ri^{1}diculous* (*cf. ^{1}ridicule*). Il se prononce /əs/.

6. Réduction, alternances vocaliques

Les déplacements accentuels dus à l'addition des suffixes non neutres sont à l'origine d'**alternances** (angl. *alternations*) entre voyelles fortes et voyelles faibles. (Alternance veut dire « modification ».) Lorsqu'une voyelle change de timbre en perdant son accent (affaiblissement, réduction accentuelle), on dit qu'elle est **réduite** (angl. *reduced*). Ex. : *courage* /'kʌrɪdʒ/, *courageous* /kə'reɪdʒəs/ avec -EOUS (voir §5). On observe dans ces deux mots les alternances suivantes : (a) la voyelle forte (= pleine) /ʌ/ de *courage* subit une réduction dans le dérivé à cause du déplacement d'accent ; (b) inversement, la voyelle faible de la syllabe finale de *courage* correspond à une voyelle forte (accent 1) dans le dérivé *courageous*. Ces alternances vocaliques liées au degré d'accent sont automatiques.

Les suffixes non neutres sont également à l'origine d'autres types d'alternances vocaliques, non automatiques cette fois. Elles ont lieu quand on ajoute un suffixe non neutre et que l'accent 1 est sur l'avant-avant-dernière syllabe. Observez les couples suivants : *divine* /dɪ'vaɪn/, *divinity* /dɪ'vɪnəti(ː)/ ; *sane* /seɪn/, *sanity* /'sænəti(ː)/ ; *serene* /sə'riːn/, *serenity* /sə'renəti(ː)/ ; *verbose* /ˌvɜː'bəʊs/, *verbosity* /ˌvɜː'bɒsəti(ː)/. On constate notamment les changements suivants, entre la base et le dérivé : /aɪ/ devient /ɪ/ dans le dérivé, /eɪ/ devient /æ/, /iː/ devient /e/, et /əʊ/ devient /ɒ/. Ces « règles », qui ne s'appliquent que dans le cas de la dérivation non neutre, connaissent des exceptions (ex. : *obese* /ˌəʊ'biːs/, *obesity* /ˌəʊ'biːsəti(ː)/).

7. L'ACCENTUATION DES MOTS COMPOSÉS

- Dans la suite, nous parlerons de **termes A** et **B** pour les composés : dans *ice-cream*, le terme A est *ice* et le terme B est *cream*. Les deux termes A et B sont les constituants du composé {A#B}.
- Dans la plupart des cas, les termes A et B sont des formes libres (§1). Il arrive cependant que l'un des termes soit une forme liée. Ex. : le terme B dans *fish#monger*, *iron#monger*.
- Dans un composé, chaque terme a sa propre syllabation indépendante. Comparez *nitrate* /'naɪtrˌeɪt/ et *night#rate* /'naɪtˌreɪt/.

Les mots composés {A#B}, comme les mots simples, doivent avoir un accent 1 (et un seul). Il existe deux schémas distincts :

(a) accent 1 sur le terme A : ^{1}*shopping* ^{2}*centre* ;

(b) accent 1 sur le terme B : ^{2}*flying* ^{1}*saucer*.

Si c'est B qui porte l'accent 1, A reçoit comme accent principal un accent de degré 2 : ^{2}*trade-*^{1}*union*, ^{2}*apple-*^{1}*pie*, ^{2}*rice-*^{1}*pudding*.

Si c'est A qui porte l'accent 1, B ne reçoit un accent 2 que s'il a plus d'une syllabe : ^{1}*bank-ac*^{2}*count* /'bæŋkəˌkaʊnt/ ; si B est monosyllabique, il reçoit simplement un accent mineur : ^{1}*chocolate-cake* /'tʃɒklətˌkeɪk/.

- Dans les composés, on peut avoir un accent 2 à droite de l'accent 1 (accent 1 sur A, accent 2 sur B) : *housewarming* /'haʊsˌwɔːmɪŋ/. On constate en outre que deux accents majeurs peuvent être juxtaposés s'ils n'appartiennent pas au même terme (A/B) du composé : *self-satisfied* /ˌself'sætɪsˌfaɪd/. Une telle juxtaposition n'est pas permise dans le mot simple, sauf dans le cas de certains préfixés (voir §2, §8).

• Dans les composés où il est le terme B, *man* se prononce, selon les mots, avec schwa (absence totale d'accent) ou avec /æ/ (accent mineur) ; comparez : ^{1}*postman* /ˈpəʊstmən/, ^{1}*snowman* /ˈsnəʊ,mæn/).

On constate que la grande majorité des **noms composés** ont l'accent 1 sur le terme A. Ex. : ^{1}*guidebook*, ^{1}*glasshouse*, ^{1}*man*^{2}*servant*, ^{1}*blood* ^{2}*pressure*, etc. Les noms composés qui ne suivent pas ce schéma, et qui ont l'accent 1 sur le terme B, ont souvent la caractéristique suivante : le terme A joue le même rôle sémantique « qualifiant » qu'une proposition relative. Ex. : le composé ^{2}*flying* ^{1}*saucer* désigne une soucoupe « qui vole ». Comparez avec ^{1}*walking stick*, qui ne désigne pas une canne « qui marche », mais une canne pour la marche. Autres exemples dans lesquels ce principe simple s'applique : ^{1}*reading-ma*^{2}*terial*, ^{1}*sleeping-pill*, ^{1}*tuning-fork*, ^{1}*eating-place*, ^{1}*carving-knife*, opposés à ^{2}*managing di*^{1}*rector*, ^{2}*travelling* ^{1}*salesman*. Certains contre-exemples apparents peuvent s'expliquer par un sémantisme rapprochant le composé du mot simple ; ce sont des cas où on ne peut pas inférer avec précision le sens du composé du sens individuel de A et B : ^{1}*greenhouse* ('serre'), ^{1}*blackbird* ('merle'). Ces contre-exemples ont précisément une accentuation qui permet de les distinguer d'une suite syntaxique adjectif + nom : *a* ^{2}*green* ^{1}*house*, *a* ^{2}*black* ^{1}*bird* ('une maison verte', 'un oiseau noir').

Si on n'a pas la relation sémantique « qualifiante » signalée plus haut, on a plus de chances de ne pas se tromper en mettant l'accent 1 sur le terme A. Exemple : ^{1}*record-*^{2}*player*, avec une relation analogue à celle qui existe entre un objet direct (*record*) et un verbe (*play*). La même remarque vaut pour ^{1}*brick*^{2}*layer*, ^{1}*shoe*^{2}*maker*, etc. En revanche, lorsque A se réfère à la matière dont B est fait ou tiré, on a en général l'accent 1 sur B : ^{2}*olive* ^{1}*oil*, ^{2}*cotton* ^{1}*dress*.

• Les composés en *-ever* ont l'accent 1 sur le terme B : *what*^{1}*ever* ; les composés dont le terme A est *some-*, *any-*, *no-* ont l'accent 1 sur ce terme A : ^{1}*somebody* ; les réfléchis ont l'accent 1 sur *-self* : *my*^{1}*self*.

• Les séquences qu'on appelle en grammaire « génitifs génériques » sont assimilables aux noms composés, et ont en général l'accent 1 sur le terme A : a [^{1}*butcher's* ^{2}*knife*] (= un 'couteau de boucher'). On oppose le génitif générique au génitif spécifique, qu'on a dans [*the* ^{2}*butcher's*] ^{1}*knife* (= 'le couteau du boucher', le boucher étant un individu précis et identifiable). Notez qu'il existe des expressions avec génitif qui, bien que lexicalisées (ex. : ^{2}*traveller's* ^{1}*cheque* et ^{2}*devil's* ^{1}*advocate*) ont l'accent 1 sur le terme B.

Les **adjectifs composés**, comme les noms composés, suivent l'un ou l'autre schéma (accent 1 sur A ou sur B). Exemples : ^{1}*frost-*^{2}*bitten*, ^{2}*snow-*^{1}*white*, ^{1}*threadbare*, ^{1}*law-a*^{2}*biding*, ^{1}*record-*^{2}*breaking*, ^{1}*time-con*^{2}*suming* ; ^{2}*self-suf*^{1}*ficient*, ^{2}*self-sup*^{1}*porting*, etc. Les adjectifs dérivés avec le suffixe -ED sur le terme B (base nominale) ont souvent l'accent 1 sur ce terme B ; exemples avec un adjectif comme terme A : ^{2}*absent-*^{1}*minded*, ^{2}*quick-*^{1}*tempered*, ^{2}*narrow-*^{1}*minded*, ^{2}*warm-*^{1}*hearted* ; notez aussi, avec un nom comme terme A : ^{1}*feather-brained*, ^{1}*harebrained*, mais ^{2}*pig*^{1}*headed*, ^{2}*wasp-*^{1}*waisted*, etc.

Certains mots comme ^{1}*photograph*, ^{1}*telegraph*, ^{1}*telegram*, sont composés d'éléments d'origine grecque comme TELE, PHONE, etc. On les appelle **composés néo-classiques** (angl. *neo-classical compounds*) ou composés « grecs ». Ils ont la particularité d'avoir comme constituants (A et B) des éléments qui, pour la plupart, ne peuvent pas fonctionner véritablement comme des formes libres (voir §1), sans être pour autant des affixes. Les composés néo-classiques les plus courants suivent le modèle de *photograph*, *telephone*, avec un terme A polysyllabique (PHOTO, TELE) et un terme B monosyllabique (GRAPH, PHONE). Le plus souvent, ces mots ont l'accent 1 sur la première syllabe du terme A : *photograph* (accent mineur sur B). On notera que ces composés acceptent (et parfois exigent) à leur droite des suffixes non neutres, qui fixent la place de l'accent 1, et causent éventuellement un déplacement accentuel à l'origine d'alternances vocaliques ; exemples : ^{1}*photograph* /ˈfəʊtəˌgrɑːf/, *pho*^{1}*tographer* /fəˈtɒgrəfə°/, *pho*^{1}*tography* /fəˈtɒgrəfi(ː)/, ^{2}*photo*^{1}*graphic* /ˌfəʊtəˈgræfɪk/, *psy*^{1}*chology* /ˌsaɪˈkɒlədʒi(ː)/, ^{2}*psycho*^{1}*logical* /ˌsaɪkəˈlɒdʒɪk•l/. Parmi les exceptions, on notera *orthodoxy* /ˈɔːθəˌdɒksi(ː)/, qui garde le schéma de *orthodox* /ˈɔːθəˌdɒks/.

- Dans de nombreux cas, le composé « grec » est obligatoirement suivi d'un suffixe, comme -ER, -Y dans *phi^{1}losopher*, *phi^{1}losophy*, *ge^{1}ology*.
- Notons aussi que le suffixe -ER, habituellement neutre (*cf. beginner*), n'est pas neutre quand il est ajouté à un composé néo-classique.

8. Préfixes et accentuation

Pour les préfixes, il est beaucoup plus difficile de procéder à des généralisations que pour les suffixes.

Nous avons vu ci-dessus que le suffixe non neutre placé le plus à droite détermine la place de l'accent 1. Dans cette logique, on comprendra pourquoi les préfixes, situés par définition à gauche de la base, ne peuvent pas, contrairement aux suffixes non neutres, fixer la place de l'accent 1 sur telle ou telle syllabe. L'accent d'un dérivé se « calcule » en effet de droite à gauche.

Les questions à se poser pour un préfixe donné sont plutôt : accepte-t-il lui même l'accent 1 ? le refuse-t-il ? quels types d'accent accepte-t-il ? Dans la majorité des cas, surtout pour les mots autres que les noms (voir ci-après), les préfixes ne portent pas eux-mêmes l'accent 1. Dans *im+proper*, par exemple, l'accent 1 est sur la première syllabe de la base : /ɪm'prɒpə°/.

On constate toutefois une tendance accentuelle dans les mots préfixés : les noms ont plus fréquemment l'accent 1 sur le préfixe que les autres classes de mots (verbes, adjectifs, etc.), qui ont généralement l'accent 1 sur la racine. Ex. : le nom *subdivision* /'sʌbdɪˌvɪʒ•n/ avec accent 1 sur le préfixe. Il ne s'agit que d'une tendance, et non d'une règle, et de très nombreux noms préfixés sont accentués sur la racine.

Les préfixes peuvent sans aucun problème recevoir l'accent 2 par application des principes rythmiques (voir §2). Ex. : *unconvincing* /ˌʌnkən'vɪnsɪŋ/, avec le préfixe UN- porteur de l'accent 2.

Certains mots complexes peuvent avoir trois accents majeurs. Le mot *com^{2}pati^{1}bility* /kəmˌpætə'bɪləti(:)/, par exemple, a déjà deux accents majeurs (accent 2 placé en fonction du principe analogique: *cf. com¹patible* /kəm'pætəb•l/) ; si on ajoute le préfixe -IN, il faudra appliquer à nouveau les principes rythmiques, et on aura un nouvel accent majeur (placé sur le préfixe) : *²incom³pati¹bility* /ˌɪnkəmˌpætə'bɪləti(ː)/.

Comme pour les suffixes, la base peut être séparée d'un préfixe soit par la frontière faible (+), soit par la frontière forte (#). Ex. : le préfixe UN- est suivi de #, alors que le préfixe IN- est suivi de + (*un#scientific, in+animate*). Nous distinguerons donc deux types de préfixes:

(a) les **préfixes protégés**, suivis de la frontière # ;

(b) les **préfixes intégrés**, suivis de la frontière +.

Les préfixes intégrés peuvent subir des changements phonologiques : IN-, par exemple, change de forme en fonction de la nature du phonème initial de la base : *in+audible* /ɪn'ɔːdəb•l/, *im+possible* /ɪm'pɒsəb•l/, *ir+regular* /ɪ'regjʊlə°/, *il+legal* /ɪ'liːg•l/ ; les préfixes protégés, comme UN-, ont toujours la même forme : comparez (avant /p/) *im+possible* et *un#popular*.

La prononciation du préfixe protégé UN- est toujours /ʌn/, même avant plosive vélaire : *unconnected* /ˌʌnkə'nektɪd/, alors que le préfixe intégré IN- peut (optionnellement) subir l'assimilation de point d'articulation avant /k, g/ : *in+consistent* /ˌɪnkən'sɪstənt/ se prononce [ˌɪnkən'sɪstənt] ou [ˌɪŋkən'sɪstənt].

Les préfixes protégés sont suivis d'une forme libre (*unconscious, conscious* = forme libre), alors que ce n'est pas toujours le cas pour les préfixes intégrés : *im+¹possible* (*possible* = forme libre), *im+¹maculate* (base = liée), *pro+¹duce, in+¹duce, re+¹duce, con+¹duce* (base = liée). Pour ce qui est de l'accentuation, les préfixes protégés peuvent dans de nombreux cas avoir leur propre accent majeur, indépendamment des principes rythmiques. Ex. : *un#constitutional* /ˌʌnˌkɒnstɪ'tjuːʃnəl/. Nous savons que les principes rythmiques interdisent la juxtaposition de deux accents majeurs dans le mot simple (voir §2). Cette contrainte ne s'applique pas aux mots qui ont un préfixe protégé. Dans *un#constitutional*, on constate en effet que deux accents majeurs se suivent. Autre exemple : *mis#calculate* /ˌmɪs'kælkju(ː)ˌleɪt/. Les préfixes protégés sont de ce point de vue très proches du terme A des mots composés qui ont l'accent 1 sur le terme B (voir §7). Pour bien comprendre la différence entre les deux types de préfixes, on comparera, par exemple, *re+cover* /rɪˈkʌvə°/ ('retrouver', 'se rétablir'), avec un préfixe intégré (+) inaccentué, et *re#cover* /ˌriːˈkʌvə°/ ('couvrir de nouveau'), avec un préfixe protégé (#) porteur d'un accent majeur.

• Comparez aussi la syllabation de *mistrust* /ˌmɪsˈtrʌst/ avec celle de *mistake* /mɪˈsteɪk/. Dans *mistrust*, MIS- est un préfixe protégé, et le /s/ de ce préfixe n'est pas attiré par la syllabe suivante, pourtant plus forte ; dans *mistake*, le préfixe MIS- est intégré, et le /s/ est « capté » par la syllabe suivante. On a donc les structures *mis#trust* et *mis+take*.

• Autres exemples avec préfixes protégés : *^{2}un^{3}syste^{1}matic*, *^{2}non-^{3}inter^{1}vention*, *^{2}de^{1}magnetize*, *^{2}redi^{1}stribute*, *^{2}dis^{1}honest*, *^{2}dis^{3}infor^{1}mation*, *^{2}ex-be^{1}liever*, *^{2}mis^{1}guided*. Autres exemples avec préfixes intégrés : *in^{1}active*, *trans^{1}fuse*, *sub^{1}mit*, *sub^{1}sume*, *de^{1}generate*, *con^{1}ceive*, *con^{1}duce*, *com^{1}passion*.

• Le schéma de *infamous* /ˈɪnfəməs/ est inattendu (*cf. famous* /ˈfeɪməs/). Le mot *impious*, traditionnellement prononcé /ˈɪmpi(ː)əs/, tend à être « régularisé » : /ɪmˈpaɪəs/ (*cf. pious* /ˈpaɪəs/).

Amalgame sémantique

Tout comme les préfixes protégés, les préfixes intégrés apportent souvent, de manière très claire, leur contribution individuelle au sens du mot, comme dans *im+possible*, *im+proper*, *ir+regular*, etc. (= contraires de *possible*, *proper*, *regular*). Toutefois, il existe un nombre important de mots avec préfixe intégré dans lesquels le préfixe et la base sont sémantiquement indissociables ; exemples : *receive*, *deceive*, *conceive*, *perceive*, *admit*, *permit*, *commit* (racines CEIVE, MIT ; préfixes intégrés RE-, DE-, CON-, PER-, AD-). Du point de vue du sens, ces mots fonctionnent comme des mots primaires (voir §1) : nous dirons qu'il s'agit de dérivés avec amalgame sémantique.

• Dans ce type de préfixé, le découpage formel en {préfixe + racine} se justifie dans la mesure où les éléments morphologiques se retrouvent dans des séries, comme dans nos exemples, mais il n'a aucune motivation sémantique.

• Dans quelques cas, comme *im+port*, *ex+port*, chaque élément contribue au sens, mais on ne peut pas vraiment inférer le sens du tout du sens des éléments. On a donc un certain degré d'amalgame sémantique.

• Le plus souvent (mais pas toujours), les mots préfixés avec amalgame sémantique ont une racine liée (= qui ne peut pas constituer un mot à elle seule). Exemple : la racine CEIVE (*re+ceive*, etc.).

Dans les mots préfixés avec amalgame sémantique, on observe que les **noms** fonctionnent comme des mots primaires, et ont majoritairement l'accent sur le préfixe : ^{1}*ob+ject*, ^{1}*sub+ject*, ^{1}*at+tribute*, alors que les autres classes de mots (verbes, adjectifs, etc.) ont l'accent 1 sur la première syllabe de la racine : *re+*^{1}*ceive*, *ob+*^{1}*ject* (verbe), *at+*^{1}*tribute* (verbe), *im+*^{1}*plicit; ex+*^{1}*plicit.* Il existe toutefois des exceptions ; exemples : les adjectifs ^{1}*pre+sent*, ^{1}*ab+sent*, ^{1}*sub+ject*, les noms *re+*^{1}*straint*, *con+*^{1}*straint.*

Un certain nombre de couples dissyllabiques noms/verbes préfixés, avec amalgame sémantique, ont la même graphie. Exemples : *in+crease*, *de+crease*, *a+ward*, *re+ward*. Pour ces couples, on distingue les deux cas suivants :

(a) Alternance accentuelle, comme pour certains couples non préfixés (*cf. record*, *escort* : voir §4) : accent 1 sur la deuxième syllabe pour le verbe, et sur la première syllabe pour le nom. On opposera, par exemple, les verbes *increase* /ɪn'kriːs/, *decrease* /ˌdiː'kriːs/, *permit* /pə'mɪt/, aux noms *increase* /'ɪŋˌkriːs/, *decrease* /'diːˌkriːs/, *permit* /'pɜːmɪt/.

(b) Même schéma accentuel pour le verbe et le nom. Exemple avec accent 1 sur l'initiale : ^{1}*fore+cast* ; exemples avec accent 1 sur la deuxième syllabe : *re+*^{1}*ward*, *a+*^{1}*ward*, *de+*^{1}*mand*, *com+*^{1}*mand*. Le cas (b) est en fait le plus fréquent.

9. Le rythme dans l'énoncé

Dans le **discours suivi** (angl. *connected speech*), les mots se combinent entre eux pour former de nouveaux groupes rythmiques. On retrouve ainsi dans l'énoncé les mêmes principes que dans le mot isolé (voir §2). Ce point peut être illustré avec des exemples simples. Les mots *thirty* et *thirteen*, par exemple, se prononcent respectivement /'θɜːti(ː)/ et /ˌθɜː'tiːn/. Si on dit *thirty men*, l'accent 1 de *thirty* devient un accent 2 : ˌθɜːti'men. Si

on dit *thirteen men*, non seulement l'accent 1 de *thirteen* devient un accent 2, mais cet accent 2 se déplace en tête :
,θɜːˌtiːn # ˈmen ⇒ ˌθɜː,tiːn # ˈmen

On observe que l'accent mineur et l'accent 2 de *thirteen* sont inversés (on passe de *thir*^{2}*teen* ^{1}*men* à ^{2}*thirteen* ^{1}*men*). Cette **inversion accentuelle** (angl. *stress reversal*), possible à condition que la syllabe qui reçoit l'accent déplacé ait déjà au départ un certain degré d'accent, permet d'éviter la juxtaposition de deux accents majeurs dans l'énoncé.

Dans l'énoncé *Twinkle, twinkle little star*, les groupes rythmiques coïncident avec les mots. Cette situation est en fait très rare. Considérons par exemple l'énoncé *Jennifer made a list of the things to be taken*, qui se découpe en cinq pieds (pour dix mots), avec un accent sur chaque syllabe (forte) dont la voyelle est indiquée en gras :

*J**e**nnifer | m**a**de a | l**i**st of the | th**i**ngs to be | t**a**ken.*

On observe que, une fois assemblés dans le discours, les mots ne conservent pas tous leur intégrité accentuelle individuelle. Dans l'énoncé cité, les mots-outils *a*, *of*, *the*, *to*, *be* perdent tout accent, et sont prononcés avec leur **forme faible** (= réduite) : la voyelle /iː/ de *be* est abrégée en [i], et la voyelle /uː/ de *to* est réduite à schwa, tout comme la voyelle /ɒ/ de *of*.

La question des formes fortes et faibles (= réduites) a été vue dans le chapitre 1, §6. On trouvera en annexe II une liste de mots avec forme forte et forme(s) faible(s), ainsi que des exemples de contraction.

Il est très important de ne pas prononcer les mots-outils avec leur forme forte quand ce n'est pas nécessaire. Exemple : dans *I've always supported Mr Dodds and I still do*, l'auxiliaire *have* a une forme faible (avec disparition de deux phonèmes), l'ensemble *I have* devenant [aɪv]. En revanche, on utilisera la forme forte pour produire un effet d'emphase ou de contraste. Exemple : l'énoncé *We have enjoyed ourselves* peut être prononcé avec un accent majeur sur l'auxiliaire *have* à des fins d'expressivité. On aura alors la forme forte [hæv]. Autre exemple : dans *Not before noon*, ***at** noon*, la préposition *at*, mise en contraste avec *before*, est accentuée et prononcée [æt] (et non [ət]). En dehors de ces cas d'emphase

ou de contraste, la forme forte des mots-outils doit aussi être utilisée dans les contextes suivants :
• quand ils ne sont pas (directement) suivis de leur complément syntaxique (en fin de phrase, par exemple), ou en cas de construction elliptique : *Yes, I* ***am****. He's* ***not****. Do you know where John* ***is****? What are you laughing* ***at****?*
• pour les auxiliaires, en tête de phrase : ***Ha****ve you?* ***Do*** *they?* ***Cou****ld you pass the salt?*

Les mots *he*, *him*, *his*, *her*, *them*, *us* prennent toutefois la forme faible même en position finale, s'il n'est pas nécessaire de les accentuer spécialement : *she likes them* sera prononcé [ˌʃiːˈlaɪksðəm].

Quand la forme forte n'est pas obligatoire, il est conseillé d'utiliser la forme faible des mots-outils, afin de ne pas donner l'impression d'être continuellement « emphatique ».

10. Intonation

Dans la parole, la **hauteur** de la voix (angl. *pitch*) change continuellement. Ces changements obéissent à des principes et ont une fonction (sémantique et/ou expressive). Ils sont structurés, et c'est la structure de ces changements de hauteur qu'on appelle **intonation** (angl. *intonation*). L'intonation est la « mélodie » de la parole.

L'unité de base de l'intonation est le **groupe intonationnel** (angl. *tone group*). Ce groupe peut coïncider avec une phrase, comme dans *She was close to tears*, mais il peut aussi y avoir plusieurs groupes dans une même phrase : *They talked about it*, *unfortunately* ; autre exemple avec deux groupes : *"Listen to the music," he said.* (Dans ces deux exemples, la virgule sépare les groupes, mais ce n'est pas toujours le cas.) Le découpage en groupes est souvent essentiel pour la compréhension. Comparez : *Is this your son, John?* et *Is this your son John?* Dans le premier cas on a deux groupes, et dans le second cas on en a un seul. L'interprétation de l'énoncé dépend ici étroitement de sa structure intonationnelle.

Dans chaque groupe, il y a une **syllabe dominante** du point de vue accentuel. Cette syllabe est celle qui porte l'accent principal du groupe (= accent 1). Exemple : dans le groupe *They* ^{2}*left for the* ^{1}*station*, la syllabe dominante est la syllabe initiale de *station*. (La syllabe *left* est porteuse d'un accent secondaire.)

Dans le groupe intonationnel, on ne peut avoir qu'un seul accent 1, exactement comme dans un mot prononcé isolément. C'est pourquoi les autres accents majeurs sont « rétrogradés », comme l'accent de *left* dans notre exemple : cet accent passe du degré 1 (mot isolé) au degré 2 (dans l'énoncé).

On dit que la syllabe dominante du groupe intonationnel (accent 1) est la **syllabe tonique** (angl. *tonic syllable*), que certains appellent **nucleus** (angl. *nucleus*), et l'accent dont elle est porteuse est l'**accent tonique** (angl. *tonic accent*). Exemple : *The children were listening to Peter.* La syllabe tonique est, dans la prononciation la plus neutre de cet énoncé, la syllabe accentuée de *Peter*.

Un énoncé comporte (en principe) autant de groupes intonationnels que de syllabes toniques.

Les mouvements mélodiques (descente de la voix, montée, etc.) s'appellent des **tons** (angl. *tones*). La syllabe tonique marque un changement majeur de direction mélodique (angl. *major pitch change*). Elle est en quelque sorte le point « focal » du groupe intonationnel. Prenons l'exemple de l'énoncé *Your train was late*. Le ton de cet énoncé (assertif) est normalement descendant (descente sur la syllabe tonique). Voici l'un des schémas mélodiques possibles pour ce groupe (accents majeurs en gras) :

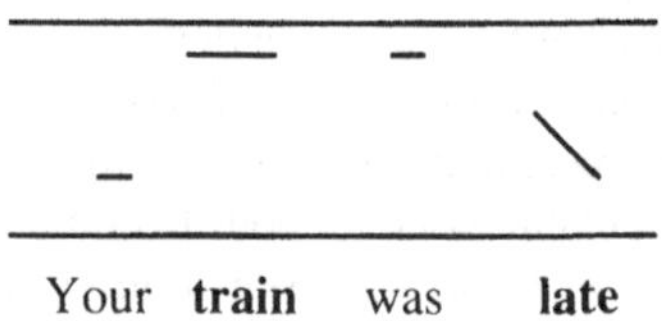

La syllabe *late* est tonique, et *train* porte un accent secondaire.

Dans l'énoncé (interrogatif) *Can you see?* le ton est montant (montée sur la syllabe tonique) :

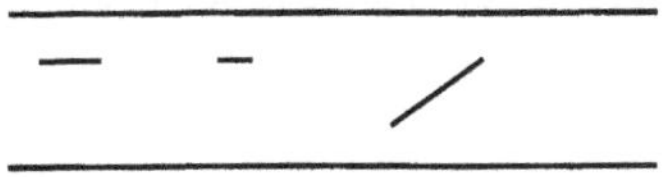

Can you **see**?

Le ton montant du groupe, au même titre que la structure grammaticale, signale ici qu'on pose une question (en l'occurrence une question fermée, c'est-à-dire dont la réponse peut être oui ou non). Notez que *can* a un accent secondaire.

Le choix de la syllabe tonique n'est pas aléatoire. Dans les cas les plus « neutres », la syllabe tonique appartient au dernier mot porteur d'un accent majeur dans le groupe. Exemple : *She looked at him attentively* (tonique en gras). Il est toutefois très fréquent que la tonique ne coïncide pas avec le dernier accent majeur du groupe. Le choix de la tonique est en effet lié à la hiérarchie (sémantique) des informations contenues dans le groupe. Dans *Here's a cup of coffee for you*, la tonique sera (normalement) la syllabe accentuée de *coffee*. Examinons le dialogue suivant :

*"I think your son would enjoy going to L**o**ndon."*

*"I'm s**u**re he would."*

Dans le groupe *I'm s**u**re he would* l'accent tonique sera en principe sur *sure*, car c'est ce mot qui est essentiel d'un point de vue à la fois sémantique et expressif. Le principe est le même dans cet autre dialogue :

*"What does she w**a**nt?"*

*"I don't kn**o**w what she wants."*

Dans la question, l'accent tonique est sur *want*, qui est le mot le plus important, mais dans la réponse, l'accent tonique est sur *know*, car, dans cette réponse, le verbe *wants* ne véhicule plus d'information nouvelle.

Dans un groupe, il y a en général une séquence de mots qui véhicule une information nouvelle. La tonique est souvent la syllabe la plus forte du mot qui se trouve à la fin de cette séquence. Exemple : dans *He didn't mean to do it*, l'action accomplie par le sujet fait partie des informations anciennes, connues des interlocuteurs. L'information nouvelle est représentée par la négation et *mean* : la syllabe tonique sera donc *mean*. (Dans un énoncé de ce type, on aura généralement une descente sur la tonique suivie d'une remontée jusqu'à la fin du groupe.)

Autre exemple :

"She seems to be ***cle****ver."*

"She ***is*** *clever."*

Pour le locuteur qui dit *She* ***is*** *clever*, l'intelligence du sujet (*She*) n'est pas en cause ; en revanche, le verbe *is* porte l'accent tonique, car il s'oppose au verbe de la réplique précédente : on oppose l'expression d'une vérité (avec *is*) à l'expression d'une simple apparence (avec *seems*).

Une même suite de mots peut changer de sens en fonction du choix de la syllabe tonique. Exemple : *John gave Mary all the flowers*. Si l'énoncé est « neutre », c'est-à-dire si aucun de ses éléments n'est l'objet d'une focalisation particulière, la tonique sera la syllabe la plus forte du dernier mot porteur d'un accent majeur (*flowers* dans notre exemple) ; si on insiste de façon contrastive sur la quantité de fleurs ('toutes' et non pas quelques-unes), *all* portera l'accent tonique ; si on veut dire que c'est à Mary, et non à une autre personne, que John a donné les fleurs, l'accent tonique sera sur la syllabe initiale de *Mary* ; enfin, l'accent tonique sur *John* rendrait l'énoncé équivalent de *John was the one who gave Mary all the flowers*. Cette équivalence montre bien que l'intonation contribue de façon importante au sens.

Le choix du type de **ton** (angl. *tone*) est également capital. Les trois principaux tons sont les suivants :

\ ton (simple) **descendant** (angl. *fall*) ;

/ ton (simple) **montant** (angl. *rise*) ;

\ / ton (complexe) **descendant-montant** (angl. *fall-rise*).

Le ton (complexe) **montant-descendant** (angl. *rise-fall*) est plus rare.

Ton descendant : chute de la voix à partir d'une note relativement élevée ; ton montant : montée de la voix à partir d'une note basse jusqu'à une note relativement élevée ; ton descendant-montant : chute de la voix à partir d'une note assez haute vers une note très basse, suivie d'une remontée ; ton montant-descendant : chute renforcée par une montée préalable.

Pour ce qui est de la signification des tons, il faut préciser que l'intonation ne se prête pas au même degré de systématisation que les autres domaines linguistiques. On ne peut donc donner ici que quelques indications générales.

Le ton descendant est en principe utilisé dans les assertions courantes : *We had our wedding photos enlarged* ; dans les structures impératives (voir plus loin) : *Listen to me* ; dans les questions avec mot interrogatif (angl. *WH-questions*) : *How old are you?* ; dans les exclamations : *What a beautiful girl!* Il est aussi le ton le plus courant dans les tags qui ne sont pas de « vraies » questions : *Lovely day, isn't it?*

Le ton montant se rencontre dans les questions fermées (angl. *yes/no questions*) : *Do you take sugar?* Dans les questions avec mot interrogatif, ce ton est possible, mais il a alors une fonction expressive : *How is your mother?* Le locuteur ne se contente pas ici de demander une information : il exprime aussi son intérêt, sa sollicitude. Le ton montant peut aussi être utilisé dans les énoncés impératifs pour être plus poli, moins cassant : *Do sit down* (tonique = *down*).

Le ton descendant-montant peut être utilisé dans les cas de doute, de réserve. On pourra avoir ce ton sur la tonique du deuxième groupe (*comes*) dans l'énoncé *I'll see Julia, if she comes.*

Enfin, le ton montant-descendant (plus rare) peut être utilisé (entre autres) dans des énoncés expressifs comme *That's wonderful*, avec la première syllabe de *wonderful* comme tonique.

EXERCICES

1. Dans les mots suivants, repérez les voyelles faibles (= réduites) : *kangaroo, harmony, harmonic, harmonious, moron, million, hammock.*

2. Transcrivez les mots suivants en faisant précéder les consonnes syllabiques du signe • : *little, kettle, emotion, nation, national, curtain, britain.*

3. Transcrivez les mots en spécifiant tous les accents : *reconcile, conciliate, conciliation, reconciliation, candidate, civilized, television, inevitable, illuminate, illustrate, illustrious, itinerary, photograph, photography, photographer.*

4. Dites quelles sont les syllabes porteuses d'un accent majeur, en précisant le degré (1, 2) : *caterpillar, category, salamander, architecture, archipelago, generation, iterative, substitution, productivity,*

5. Même exercice : *refugee, committee, attention, explanation, generate, generative, transformation, transformational, national, nationalize, nationalization.*

6. Expliquez le schéma accentuel du mot *visibility.*

7

L'ANGLAIS AMÉRICAIN

Nous étudions dans ce chapitre les principales caractéristiques de l'anglais américain, et plus précisément de ce qu'on appelle le ***General American*** (= GenAm), en le comparant au RP. Le terme *General American* s'applique à environ deux tiers de la population.

Le GenAm connaît une large diffusion géographique, et n'est pas un accent aussi homogène et codifié que le RP. Son statut est différent, pour des raisons tant sociales qu'historiques. L'expression *General American* qualifie le parler de tout Américain sans accent régional nettement reconnaissable comme originaire du sud ou de l'est du pays. Le GenAm est donc en réalité plutôt un groupe d'accents définis de manière négative comme n'ayant les propriétés régionales caractéristiques ni des variétés du sud, ni de celles de l'est des États-Unis. On peut entendre le GenAm de l'Ohio à la Côte Ouest en passant par le Middle West. C'est l'anglais américain tel qu'on l'entend majoritairement sur les chaînes de télévision qui émettent sur la plus grande partie du pays.

1. LES PHONÈMES DE L'ANGLAIS AMÉRICAIN

Les différences entre RP et GenAm au niveau du système phonématique ne concernent que les voyelles. Voici la liste des phonèmes vocaliques de ce que nous appellerons le **système A** (voir plus loin) du GenAm :

/iː/	***seat***	/ɪ/	***sit***	/ɛ/	***set***	/æ/	***sat***
/ɑː/	***spa***	/ɔː/	***law***	/ʊ/	***put***	/uː/	***boot***
/ʌ/	***cut***	/eɪ/	***lane***	/aɪ/	***line***	/ɔɪ/	***boy***
/aʊ/	***cow***	/oʊ/	***go***	/ə/	***bird***, ***again***		

Dans le parler de nombreux locuteurs, l'inventaire des phonèmes est réduit par la confusion des timbres des deux voyelles de *above*, qui se transcrira /əˈbəv/

(au lieu de /ə'bʌv/ pour les autres locuteurs américains). Ces locuteurs n'ont pas /ʌ/ dans leur système. De nombreux locuteurs n'ont pas non plus le phonème /ɔː/. (Ce point est étudié plus loin.) Selon les variétés, le système du GenAm comprend donc de 13 à 15 voyelles (contre 20 en RP). Pour plus de clarté, nous appelons **système A** le système à 15 voyelles décrit ici, par opposition au **système B**, décrit plus loin (§4).

Le GenAm (systèmes A et B) est un accent **rhotique** (voir ch. 4, §7). Les mots *car*, *cart*, *horse*, par exemple, se prononcent respectivement /kɑːr/, /kɑːrt/, /hɔːrs/.

Il existe des variétés non rhotiques d'anglais américain, qui ne font donc pas partie du GenAm. (La Virginie orientale, la Caroline du nord, la Caroline du sud et la Géorgie, Boston et sa région, par exemple, sont majoritairement non rhotiques.)

Voici les équivalences entre RP et GenAm, dans les cas de différences :

RP	GenAm	RP	GenAm
ɜː	ə+r	e	ɛ
ɪə	ɪ+r	əʊ	oʊ
eə	ɛ+r	ɒ	ɑː ou ɔː (selon les mots)
ʊə	ʊ+r		

La diphtongue /oʊ/ est l'équivalent dans le système du GenAm de /əʊ/ en RP (exemple : *go*, *so*, etc.), et la voyelle /ɛ/ correspond à /e/ en RP (voir §2).

Le phonème transcrit /ə/ (schwa) apparaît en syllabe faible, comme en RP, mais il peut aussi apparaître en syllabe forte avant /r/, ce qui est impossible en RP. En syllabe forte, cette séquence /ər/ correspond au phonème /ɜː/ du RP. Exemple : *bird* = /bərd/ en GA, /bɜːd/ en RP. On rencontre aussi /ər/ en syllabe faible, par exemple en finale : *better* /'bɛtər/, *flower* /'flaʊər/.

Le phonème /ɒ/, qu'on trouve en RP dans des mots comme *pot*, *cot*, *cross*, est absent du système du GenAm : cette voyelle correspond selon les mots à /ɑː/ ou /ɔː/ en GenAm (voir §3).

Les trois diphtongues /ɪə/, /eə/, /ʊə/ (*cf. beer*, *bare*, *tour*) sont inconnues comme phonèmes en GenAm : à la place on a les séquences /ɪr/ (en cas de ***r*** graphique), /ɛr/, /ʊr/. Exemples : *mere* = /mɪə°/ en RP, /mɪr/ en

GenAm ; *mare* = /meə°/ en RP, /mɛr/ en GenAm ; *moor* = /mʊə°/ en RP, /mʊr/ en GenAm. Les mots *mirror* et *nearer* constituent une paire minimale en GenAm : /ˈmɪrər/, /ˈnɪrər/. La séquence /iːə/ du GenAm correspond à la diphtongue /ɪə/ du RP lorsque cette diphtongue s'écrit sans ***r***, comme dans *th**ea**ter* /ˈθiːətər/ (= *theatre* /ˈθɪətə°/ en RP).

2. Réalisations phonétiques

- Dans les différentes réalisations de /r/, la pointe de la langue est rétractée (= rétroflexion : /r/ = [ɻ]). Avant un /r/ final ou préconsonantique, comme dans *beer* /bɪr/, *mare* /mɛr/, *tour* /tʊr/, *horse* /hɔːrs/, les voyelles /ɪ ɛ ʊ ɔː/ ont des allophones légèrement diphtongués : [ɪə ɛə ʊə ɔːə]. Exemples : *near* = /nɪr/ = [nɪəɻ], *north* = /nɔːrθ/ = [nɔːəɻθ].
- La différence phonétique entre /ər/ en syllabe forte et /ər/ en syllabe faible est infime (et même inexistante chez de nombreux locuteurs). Ex. : *foreword* /ˈfɔːrˌwərd/, avec accent mineur sur la deuxième syllabe, et *forward* /ˈfɔːrwərd/, avec une deuxième syllabe faible.
- Le /l/ du GenAm est toujours réalisé sombre (= vélarisé), même avant voyelle : le /l/ est donc sombre dans *look*, alors que, dans ce contexte, il est clair en RP. Toutefois, le degré de vélarisation (voir ch. 4) est moins élevé avant voyelle que dans les autres contextes : le /l/ est donc quand même plus sombre dans *kill* que dans *look*. En position intervocalique, comme dans *yellow*, le /l/ est clair en RP, alors qu'il est nettement sombre en GenAm : [ˈjeləʊ] en RP, [ˈjɛɫoʊ] en GenAm.
- Le phonème /t/ a une réalisation spéciale dans des mots comme *letter*, *writer*, *city*. Cette réalisation est appelée *tap* ou *flap* selon les descripteurs ; elle se caractérise par un contact très bref et léger entre la pointe de la langue et les alvéoles, suivi d'un retour rapide de la langue dans sa position initiale. On transcrit ce son avec le signe [ɾ]. Exemple : *city* /ˈsɪtiː/ = [ˈsɪɾiː]. On rencontre cet allophone quand les deux conditions suivantes sont remplies : (a) le /t/ suit une voyelle, ou une séquence voyelle + /n/, /l/ ou /r/ ; (b) il précède une voyelle faible ou un /l/ syllabique. Exemples : *pity*, *letter*, *twenty*, *party*, *little*. Notez qu'avant une voyelle forte, on n'a

pas le son [ɾ]. Exemples : *entire* /ɪn'taɪər/ a un /t/ réalisé aspiré en début de syllabe forte : [ɪn'tʰaɪəɹ] ; dans *satire* /'sæt,aɪər/ (= ['sæt,aɪəɹ]), on n'a pas non plus le *tap* avant une voyelle forte ; dans *attitude* /'ætə,tuːd/, seul le premier /t/ peut être réalisé comme un *tap*, car la dernière voyelle (uː) est forte (accent mineur) : ['æɾə,tuːd] ;

- Le *tap* apparaît en fin de mot, après voyelle, ou après une séquence voyelle + /r/ ou /n/, et avant une voyelle (forte ou faible). Ex. : le /t/ final de *put* et *it* dans *Put it on the table*. Le principe est le même à la frontière entre les termes d'un composé, comme dans *whatever* [,hwʌɾ'ɛvəɹ].
- Chez certains locuteurs, le phénomène affecte aussi la consonne /d/, comme dans *ladder*, *rider*, etc. Dans ce cas, il arrive que la différence de longueur (phonétique) de la voyelle précédente permette de maintenir indirectement l'opposition entre /t/ et /d/, la voyelle étant réalisée plus longue avant /d/ qu'avant /t/ : *latter* /'lætər/ = ['læɾəɹ], *ladder* /'lædər/ = ['læːɾəɹ]. Dans certains accents, l'opposition est totalement neutralisée (même longueur vocalique) et des mots comme *latter* et *ladder* sont rigoureusement homophones (['læɾəɹ]).

- En anglais américain, la nasalisation des voyelles avant consonne nasale dans la même syllabe, comme dans *bend*, *bent*, est en général plus forte. Quand la nasale est suivie d'une plosive non voisée, on observe souvent qu'elle est pratiquement effacée, la forte nasalisation vocalique constituant l'indice acoustique de sa présence sous-jacente. Exemples : *bend* = /bend/ = [bɛ̃nd], *bent* = /bent/ = [bɛ̃ⁿt], *can't* = /kænt/ = [kʰæ̃ⁿt].
- Un mot comme *winter* /'wɪntər/ peut se prononcer de différentes manières : ['wɪ̃nɾəɹ], avec voyelle nasalisée et maintien du /t/ sous forme de *tap*, ou ['wɪ̃ɾ̃əɹ], avec un *tap* nasalisé pour la séquence /nt/. Même avec cette deuxième réalisation, le mot *winter* peut rester distinct de *winner* /'wɪnər/, prononcé ['wɪ̃nəɹ], mais le /n/ de *winner* peut aussi être affaibli en *tap* nasalisé, et les deux mots deviennent alors homophones : ['wɪ̃ɾ̃əɹ].
- Les différences de longueur vocalique, entre /iː/ et /ɪ/ par exemple, sont moindres en GenAm qu'en RP. Les différences de timbre (voir ch. 3 et 5) jouent donc un rôle encore plus important.
- La voyelle de *bed* (= /ɛ/ en GenAm) est plus ouverte qu'en RP (= /e/).

• La voyelle /ʌ/ est moins ouverte qu'en RP. Cette tendance explique la confusion avec la voyelle /ə/ chez de nombreux locuteurs. Ex. : *butter* = /ˈbʌtər/ ou /ˈbətər/.
• La voyelle /æ/ est réalisée tendue, un peu plus fermée en GenAm, et avec une tendance à la diphtongaison. Le mot *bad*, par exemple, avec un allophone long de /æ/ avant une consonne voisée, peut se prononcer [bæːd], [bɛːəd], ou même [beːəd].
• Quand elle ne précède pas un /r/, la voyelle /ɔː/ est plus ouverte et plus brève en GenAm qu'en RP. Son timbre (= [ɒ̝]) est alors intermédiaire entre les voyelles cardinales N°5 et N°6 (voir ch. 3). Exemple : *thought* = /θɔːt/ = [θɒ̝ːt] (mais *north* = /nɔːrθ/ = [nɔːəɻθ]).
• La voyelle /eɪ/ est réalisée un peu plus fermée en GenAm qu'en RP ; pour /eɪ/ et /oʊ/, le degré de diphtongaison est variable, et /oʊ/ est parfois réalisé comme une monophtongue [oː] Ex. *go* = [gou] ou [goː]. La diphtongue /oʊ/, dans les variétés où elle est possible avant /r/ (voir §4), est réalisée [oːə] dans ce contexte (ex. : *port*, *court*).

3. Distribution et incidence lexicale des phonèmes

En GenAm, la distribution (voir ch. 1, §5) de certains phonèmes ne suit pas exactement les mêmes règles qu'en RP. La distribution du /r/, par exemple, est différente dans les deux variétés, puisque le RP est non rhotique et que le GenAm est rhotique (voir §1).

Pour savoir s'il faut prononcer ou non un /r/, on peut se fier à la graphie. On notera toutefois que la prononciation de *colonel*, sans ***r*** graphique, est /ˈkərn•l/, avec le phonème /r/, car /ə/ ne peut apparaître en syllabe forte que suivi de /r/ (voir §1 plus haut).

Une caractéristique très remarquée du GenAm est l'absence de la semi-voyelle /j/ entre une consonne dentale ou alvéolaire (voir ch. 2, §2) et la voyelle /uː/ ou le groupe /ʊr/, dans des mots comme *new*, *tune*, *duke*, *assume*, *mature*, *during*, *lurid*, par exemple, qui se prononcent /nuː/, /tuːn/,

/du:k/, /ə'su:m/, /mə'tʊr/, /'dʊrɪŋ/, /'lʊrəd/ (RP : /nju:/, /tju:n/, /dju:k/, /ə's(j)u:m/, /mə'tjʊə°/, /'djʊərɪŋ/, /'ljʊərɪd/). La distribution de /j/ est donc plus limitée en GenAm. Inversement, le phonème /h/ a une distribution moins limitée : il est possible avant la semi-voyelle /w/ chez de nombreux locuteurs du GenAm. Chez ces locuteurs, la graphie ***wh*** correspond donc à la séquence /hw/. Exemples : *which* /hwɪtʃ/ (distinct de *witch* /wɪtʃ/), *white* /hwaɪt/, etc.

Il faut aussi tenir compte de l'**incidence lexicale** (angl. *lexical incidence*) des phonèmes. L'incidence lexicale peut être définie comme la manière dont une variété de langue répartit, « sélectionne » les phonèmes dans la prononciation de tel ou tel mot, ou de telle ou telle série de mots. Par exemple, la forme verbale *shone* (prétérit et participe passé de *shine*) se prononce /ʃɒn/ en RP, mais /ʃoʊn/ en GenAm. Les problèmes de l'incidence lexicale et de la distribution se posent de manière cruciale quand un phonème d'une variété géographique n'existe pas dans une autre variété, et qu'il y correspond à deux phonèmes différents selon les mots. C'est le cas de la voyelle /ɒ/ du RP, inconnue en GenAm. Comme nous l'avons signalé plus haut, il existe en GenAm non pas une seule voyelle correspondant à la voyelle /ɒ/ du RP (*lot*, *cloth*), mais deux : il s'agit de /ɑ:/ et /ɔ:/. Voici quelques exemples de correspondance (entre le RP et le **système A** du GenAm) :

	RP	GenAm		RP	GenAm
lot	/lɒt/	/lɑ:t/	*cloth*	/klɒθ/	/klɔ:θ/
hot	/hɒt/	/hɑ:t/	*cough*	/kɒf/	/kɔ:f/
lock	/lɒk/	/lɑ:k/	*long*	/lɒŋ/	/lɔ:ŋ/
cot	/kɒt/	/kɑ:t/	*sorry*	/'sɒri(:)/	/'sɔ:ri:/

Il existe une certaine régularité dans cette répartition, mais on se gardera de penser qu'elle est toujours automatique. Avant /r/, comme dans *sorry*, le /ɒ/ du RP correspond à /ɔ:/ (ex. : *quarrel* /'kwɔ:rəl/, *quarry* /'kwɔ:ri:/, *warrior* /'wɔ:ri:ər/) ; avant /f/, /θ/ ou /s/, comme dans *cough* /kɔ:f/, *cloth* /klɔ:θ/, *cross* /krɔ:s/, ou avant /ŋ/, comme dans *long* /lɔ:ŋ/, on a normalement /ɔ:/ ; avant /g/, comme dans *dog* /dɔ:g/, on a souvent /ɔ:/ également ; dans les autres contextes, on a en général /ɑ:/ (ex. : *pot* /pɑ:t/, *rock* /rɑ:k/, *swan* /swɑ:n/, *watch* /wɑ:tʃ/).

On observe cependant une variation considérable pour un grand nombre de mots, notamment avant fricative non voisée ou consonne vélaire (ex. : *wash* = /wɑːʃ/ ou /wɔːʃ/, *dog* = /dɔːg/ ou /dɑːg/).

Pour les locuteurs du GenAm, la seule différence strictement phonologique entre *lock* et *lark*, ou encore entre *hot* et *heart*, réside dans la présence du /r/ dans *lark* et *heart* : *lock* = /lɑːk/, *lark* = /lɑːrk/ ; *hot* =/hɑːt/, *heart* = /hɑːrt/. Ces locuteurs opposent *cot* /kɑːt/ à *caught* /kɔːt/ et à *court* /kɔːrt/, tous trois distincts.

La voyelle /ɔː/ du RP correspond dans cette variété de GenAm soit à /ɔː/ comme dans *caught* /kɔːt/, soit à la séquence /ɔːr/ dans des mots comme *court* /kɔːrt/, avec le phonème /r/.

La voyelle /ɑː/ du RP correspond en GenAm soit à /ɑː/ comme dans *father* /ˈfɑːðər/, soit à la séquence /ɑːr/ dans des mots comme *part* /pɑːrt/, avec le phonème /r/.

En GenAm, les mots *merry* (= /ˈmeri(ː)/ en RP) et *Mary* (= /ˈmeəri(ː)/ en RP) sont homophones et prononcés /ˈmɛriː/, puisque la diphtongue /eə/ du RP correspond à la suite /ɛr/. Les mots comme *marry*, *carry*, etc. se prononcent de manière variable avec /æ/ ou /ɛ/ : *marry* = /ˈmæriː/ (comme en RP) ou /ˈmɛriː/ ; en effet, chez de nombreux locuteurs, la voyelle /æ/ ne peut apparaître avant /r/, et à sa place on a /ɛ/. La conséquence est que les mots *marry*, *merry* et *Mary* peuvent être non distincts et prononcés tous trois /ˈmɛriː/. Inversement, les mots dans lesquels on a la diphtongue /eə/ en RP, comme *care*, *fairy*, sont prononcés avec /ær/ par certains locuteurs : on entend ainsi /kær/, /ˈfæriː/ au lieu de /kɛr/, /ˈfɛriː/ (= /keə°/, /ˈfeəri(ː)/ en RP).

Des couples comme *hurry* et *furry*, prononcés respectivement /ˈhʌri(ː)/ et /ˈfɜːri(ː)/ en RP, ont la même séquence /ər/ en GenAm : /ˈhəriː/, /ˈfəriː/ ; toute séquence /ʌr/ en RP (*hurry*, *courage*, *occurrence*, etc.) a en effet pour correspondant /ər/ chez la majorité des locuteurs de GenAm.

Pour les ***ask* words** (*ask*, *pass*, *glance*, *example*, *branch*, *laugh*, *half*, *bath*, etc. : voir ch. 5, §1), on a /ɑː/ en RP mais /æ/ en GenAm. On a aussi /æ/ en GenAm dans *can't*, *banana*, contre /ɑː/ en RP.

En GenAm, on ne trouve normalement pas /ɪ/ comme voyelle faible finale de mot. Un mot comme *happy* se prononce presque toujours /ˈhæpiː/ (et non /ˈhæpɪ/).

4. Variation dans le système vocalique

Certaines variations vocaliques importantes méritent quelques remarques complémentaires. Dans une vaste zone géographique (nord, ouest), on a un système plus réduit. Nous l'appellerons **système B**, par opposition au **système A**, décrit plus haut. Ce système un peu différent (et simplifié) est à classer aussi comme une variété de GenAm. Il se rencontre de plus en plus chez les jeunes générations et semble s'étendre.

Comme dans le système A, la voyelle /ɒ/ du RP est absente (voir plus haut), mais on n'a pas non plus la voyelle /ɔː/, qui se confond avec la voyelle /ɑː/. La conséquence est que, chez les locuteurs du système B, la voyelle /ɒ/ du RP (*lot*, etc.) correspond toujours à /ɑː/. Si on reprend les exemples-types mentionnés plus haut, on s'aperçoit que les locuteurs en question prononcent la voyelle de *lot*, *hot*, *lock*, *cot*, *cloth*, *cough*, *long*, *sorry* de la même manière, avec /ɑː/, alors que dans le système A on a /ɑː/ seulement pour *lot*, *hot*, *lock*, *cot*, et on a /ɔː/ pour *cloth*, *cough*, *long*, *sorry*.

Quant à la voyelle /ɔː/ du système A, comme dans *law*, *talk*, elle correspond également à /ɑː/ dans le système B : *law* se prononce /lɑː/ et *talk* se prononce /tɑːk/ ; toutefois, avant un /r/ final ou préconsonantique, comme dans *port*, *court*, la voyelle correspondant à /ɔː/ dans le système B est /oʊ/ (/oʊr/ = [oːəɻ]) : *port* se prononce /poʊrt/ (= [pʰoːəɻt]) ; ce mot est donc distinct de *part* /pɑːrt/. Dans le cadre du système B, *caught* et *cot* ne sont plus différenciés et se prononcent tous deux /kɑːt/, au lieu de /kɔːt/ et /kɑːt/ respectivement dans le système A, tandis que *court* se prononce /koʊrt/ (= [kʰoːəɻt]), au lieu de /kɔːrt/ dans le système A.

5. Différences non systématiques

Les « différences non systématiques » entre GenAm et RP sont des différences plus ou moins imprévisibles affectant tel ou tel mot, ou des séries de mots. Certaines concernent les phonèmes, d'autres concernent le schéma accentuel. Nous donnons ici quelques exemples parmi ceux qu'il faut connaître.

Phonèmes

	RP	Angl. américain
either	'aɪðə° ('iːðə°)	'iːðər ('aɪðər)
neither	'naɪðə° ('niːðə°)	'niːðər ('naɪðər)
tomato	tə'mɑːtəʊ	tə'meɪtoʊ
figure	'fɪgə°	'fɪgjər
leisure	'leʒə°	'liːʒər
lever	'liːvə°	'lɛvər
privacy	'prɪvəsi(ː) ('praɪvəsi(ː))	'praɪvəsiː
lieutenant	ˌlef'tenənt	ˌluː'tɛnənt
ate	et (eɪt)	eɪt
schedule	'ʃedˌjuːl ('ʃedʒˌuːl)	'skɛdʒˌuːl
record (nom)	'rekˌɔːd	'rɛkərd
clerk	klɑːk	klərk
massage	'mæsˌɑːʒ	mə'sɑːʒ
deterrent	dɪ'terənt	də'tərənt
herb	hɜːb	ərb
borough	'bʌrə	'bəroʊ
thorough	'θʌrə	'θəroʊ
process	'prəʊsˌes ('prɒsˌes)	'prɑːsˌɛs
shone	ʃɒn	ʃoʊn
vase	vɑːz	veɪs
erase	ɪ'reɪz	ə'reɪs
wrath	rɒθ	ræθ
of (forme forte)	ɒv	ʌv (ou ɑːv)
from (f. forte)	frɒm	frʌm (ou frɑːm)
was (f. forte)	wɒz	wʌz (ou wɑːz)
what	wɒt	(h)wʌt (ou (h)wɑːt)

Pour les finales en *-ile*, on note la différence suivante : *missile*, par exemple, donne /'mɪs,aɪl/ en RP, mais /'mɪs•l/ en anglais américain. Le mot *aluminium*, /ˌælə'mɪni(:)əm/ en RP, est différent aux États-Unis, de trois points de vue : graphie, phonèmes, accentuation ; en effet, il s'écrit *aluminum* et se prononce /ə'lu:mənəm/.

Accentuation

Les verbes en -ATE de deux syllabes ont l'accent primaire sur la finale en RP, et sur l'initiale en GenAm : *rotate* = /ˌrəu'teɪt/ en RP, /'rout,eɪt/ en GenAm. Le mot *advertisement* se prononce /əd'vɜ:tɪsmənt/ en RP, mais /ˌædvər'taɪzmənt/ en GenAm. *Laboratory* = /lə'bɒrətri(:)/ en RP, /'læbrə,tɔ:ri:/ en GenAm, avec l'accent primaire sur la première syllabe, et un accent mineur (voyelle forte) sur la syllabe /tɔ:r/. Les mots avec les finales *-ory* ou *-ary* fonctionnent sur ce modèle : *dictionary*, /'dɪkʃənri(:)/ en RP, /'dɪkʃə,nɛri:/ en GenAm ; *commentary*, /'kɒməntri(:)/ en RP, /'kɑ:mən,tɛri:/ en GenAm. (En GenAm, la finale *-ory* se prononce /ɔ:ri:/, et la finale *-ary* se prononce /ɛri:/.).

Autres exemples de différences : *address* (nom) = /ə'dres/ en RP, /'ædr,ɛs/ en GenAm ; *inquiry* = /ɪn'kwaɪəri(:)/ en RP, /'ɪŋkwəri:/ en GenAm ; *harass* = /'hærəs/ (ou /hə'ræs/) en RP, /hə'ræs/ en GenAm. (La variante /hə'ræs/ est de plus en plus fréquente en angl. britannique.)

ANNEXE I : signes utilisés dans l'ouvrage pour les détails phonétiques

Les valeurs de tous les signes phonétiques présentés ci-dessous sont expliquées dans les différents chapitres de l'ouvrage.

[ʔ] = occlusive glottale.
ʰ = aspiration des plosives non voisées. Ex. : *pin* = [pʰɪn]
[ɱ] = réalisation labio-dentale de /m/ ou /n/. Ex. : *infant.*
[ɫ] = réalisation « sombre » de /l/.
Ex. : *milk* [mɪɫk].
[ɬ] = réalisation fricative de /l/.
Ex. : *plot* [pɬɒt].
[ɹ] = réalisation du /r/ dans *ring* (RP).
[ɻ] = réalisation rétroflexe de /r/, comme dans la prononciation américaine de *dart* [dɑːɻt].
[ɾ] = (a) réalisation du /t/ en anglais américain dans *better* ;
(b) réalisation possible de /r/ en RP dans *very.*
[ç] = réalisation possible de la séquence /hj/.
Ex. : *hue* = /hjuː/ = [çuː].
[ʍ] = réalisation non voisée correspondant à la graphie ***wh***.
Ex. : *white* = /hwaɪt/ = [ʍaɪt].
[i], [u] = réalisations inaccentuées brèves de /i(ː)/ et /u(ː)/.
Ex. : *city* = ['sɪti], *influence* = ['ɪnfluəns].
[ɛ] = voyelle française de *fer.*
[o] = voyelle française de *sot.*
[ɒ̝] = voyelle un peu plus ouverte que la voyelle française de *roc.*
Le *tilde* placé sur les voyelles signale la nasalisation. Ex. : [æ̃], [ɛ̃], etc.
Ex. : *glance* = /glɑːns/ = [glɑ̃ːns].

ANNEXE II : formes fortes et formes faibles

Les signes i et u symbolisent des allophones brefs et inaccentués de /i(:)/ et /u(:)/. Le signe ° indique la possibilité de /r/ de liaison.

	f. forte	f. faible		f. forte	f. faible
am	æm	əm m	are	ɑː°	ə ə° r
is	ɪz	z s	be	biː	bi
been	biːn	bɪn			
can	kæn	kən	could	kʊd	kəd
do	duː	dʊ də d	does	dʌz	dəz
have	hæv	həv əv v	has	hæz	həz əz z s
had	hæd	həd əd d	must	mʌst	məst məs
shall	ʃæl	ʃəl ʃ•l	should	ʃʊd	ʃəd
was	wɒz	wəz	were	wɜː°	wə°
will	wɪl	w(ə)l l	would	wʊd	wəd əd d
and	ænd	(ə)nd (ə)n	as	æz	əz
but	bʌt	bət	for	fɔː°	fə°
from	frɒm	frəm	not	nɒt	(ə)nt
of	ɒv	əv	than	ðæn	ðən
that	ðæt	ðət	there	ðeə°	ðə°
to	tuː	tu tə	at	æt	ət
he	hiː	hi i	him	hɪm	ɪm
her	hɜː°	hə° ɜː° ə°	his	hɪz	ɪz
me	miː	mi	she	ʃiː	ʃi
them	ðem	ðəm	we	wiː	wi
you	juː	ju jə	who	huː	hu u
whom	huːm	hum um	whose	huːz	huz uz
some	sʌm	səm			

Le mot *that* a toujours la forme forte quand il est employé comme démonstratif.

Pour *to*, on emploie la forme faible [tu] avant une voyelle, et la forme faible [tə] avant une consonne.

Contraction (angl. *contraction*)

• Certains de ces mots-outils ont une **forme courte** (angl. *short form*), écrite avec apostrophe. Ce phénomène est appelé contraction (angl. *contraction*). Chez les auxiliaires, on a *'m* pour *am*, *'s* pour *is* ou *has*, *'re* pour *are*, *'ve* pour *have*, *'d* pour *had* ou *would*, *'ll* pour *will*.

• La négation *not* se contracte avec les auxiliaires : *isn't*, etc.

N.B. : *aren't* (prononcé [ɑːnt]) = *are#not*, mais aussi *am#not* dans les structures interrogatives (*cf. aren't I?*).

• On notera certaines contractions spéciales avec formes « amalgamées » (auxiliaire#*not*) :

do#not	⇒	*don't*	dəʊnt
will#not	⇒	*won't*	wəʊnt
shall#not	⇒	*shan't*	ʃɑːnt
can#not	⇒	*can't*	kɑːnt
must#not	⇒	*mustn't*	ˈmʌs•nt

CORRIGÉS DES EXERCICES

Chapitre 2

1. /s/ est alvéolaire, et /ʃ/ est palato-alvéolaire.

2. Les nasales ne sont pas des plosives, mais ce sont des occlusives : elles sont en effet produites avec une occlusion (bilabiale pour /m/, alvéolaire pour /n/, vélaire pour /ŋ/), mais le passage libre de l'air par le nez fait qu'il n'y a pas de plosion.

3. Les consonnes anglaises qui n'existent pas en français sont θ ð h ; les affriquées tʃ et dʒ existent comme séquences de deux phonèmes en français, alors que chacune est un phonème unique et complexe en anglais. La consonne ŋ n'existe pas comme phonème en français (ce peut être un allophone de n). Les consonnes t, d, n sont alvéolaires en anglais alors qu'elles sont dentales en français. Le r anglais est post-alvéolaire alors que le r français est uvulaire.

4. ɑːskt ˈfɪŋgə° ˈsɪŋə° ˈsmaɪlɪŋ θɪŋ θɪŋk plʌmp ˈnɒlɪdʒ əkˈnɒlɪdʒ ɪnˈdaɪt prɪˈsaɪs pəˈzes ˈkrez•nt ou ˈkres•nt klaɪm glɪmps ˈstɑːtɪd ˈkʌmfət ˈtraɪəmf.

5. /m/ = nasale bilabiale (voisée) ; /s/ = fricative sibilante alvéolaire (non voisée) ; /tʃ/ = affriquée (sibilante) palato-alvéolaire (non voisée) ; /f/ = fricative labiodentale (non voisée) ; /k/ = plosive vélaire (non voisée).

Chapitre 3

1. Dans la production d'une monophtongue, le timbre est le même du début à la fin ; dans la production d'une diphtongue, le timbre change en cours d'émission (glissement d'un timbre à un autre).

2. Paramètres nécessaires pour décrire une voyelle : position horizontale de la langue, position verticale de la langue (degré d'aperture), labialisation, quantité (longue/brève), diphtongaison.

3. La voyelle de *sit* a un degré d'aperture intermédiaire entre les voyelles cardinales N°1 et N°2, et elle est centralisée.

4. La voyelle de *peak* est plus fermée, plus tendue, et plus longue que celle de *pick*. En outre elle est légèrement diphtonguée.
5. La voyelle de *bird* est centrale, non labialisée, et longue.
6. wʊd kʊd ʃʊd
7. Couples homophones en RP : (a) *would, wood* ; (b) *colonel, kernel* ; (e) *sauce, source.*
8. *good* = ʊ *moon* = uː *grouse* = aʊ *tough* = ʌ *mint* = ɪ *pint* = aɪ *great* = eɪ *meat* = iː *meet* = iː *break* = eɪ *brake* = eɪ *streak* = iː *steak* = eɪ *leak* = iː *cough* = ɒ *off* = ɒ
9. ˌlefˈtenənt ˈmɔːnɪŋ ˈwʊmən ɪˈnʌf sməʊk faʊl faʊl feə° ˈmeəri(ː) ˈmæri(ː) ˈmeri(ː) stɒpt ˈməʊpˌed pəˈneləpi(ː) ˈæntɪˌləʊp ˈpætɪd ˈredʒɪstəd ˈredʒɪstərɪŋ rɪˈfrɪdʒəˌreɪtə° bəʊl baʊ
10. Les voyelles /ɒ ɔː ʊ uː/ sont toutes arrondies (= labialisées).

Chapitre 4

1. ˈbjuːtəf•l ˈmɪd•l ˈpɒsəb•l grəʊθ maʊθ kləʊðz θruː ˈneɪʃ•n ɪnˈveɪʒ•n ˈlɪs•n rɪˈhɜːs ˌkəʊˈhɪərənt ˈsɪmp•l ˈsɪmplɪst ˈtʃʌk•l ˈbʌt•n ˈsɪŋɪŋ ˈsɪŋə° ˈfɪŋgə° lɒŋ ˈlɒŋgə°
2. /ɫ/ sombre : *milk, sulk, feel, sulphur,* /ɫ/ final de *lull,* /ɫ/ final de *little.*
/l/ clair : *lick, sullen, yellow, please, feeling,* /l/ initial de *lull, little.*
3. La plosive est aspirée dans *pin*, car elle est initiale de syllabe accentuée, mais elle n'est pas aspirée dans *spin*, ni dans *letter*. Dans *spin*, la plosive n'est pas initiale de syllabe et ne peut donc être aspirée ; dans *letter*, la plosive est finale de syllabe : /ˈlet•ə°/.
4. Les **r** prononcés sont en gras : *eve**r**y, fo**r** eve**r** and ever, pou**r**ing.*
Le **r** est muet dans : *bird, ever, cart, care, pour, court.*
5. La lettre ***g*** correspond à /g/ dans : *get, geyzer, gear, girdle*. La lettre ***g*** correspond à /dʒ/ dans : *gin, gem, German, giraffe, giro, gist.*
6. ***Th*** correspond à /θ/ dans : *thing, think, bath, breath, path, moth, mouth, thrill, cloth, tooth, Arthur, earth, worth, health, healthy, author.*
Th correspond à /ð/ dans : *this, that, bathe, breathe, smooth, paths, mouths, there, clothes, father, mother, worthy.*
Th correspond à /t/ dans : *Thames, Thomas.*

Chapitre 5

1. load = əʊ laid = eɪ led = e lard = ɑ: lot = ɒ lid = ɪ lead = i: pour le verbe, e pour le nom ('plomb') lump = ʌ Luke = u: look = ʊ good = ʊ foot = ʊ fool = u: full = ʊ plaid = æ break = eɪ bread = e steak = eɪ.

2. 'kʌntri(:) 'kaʊnti(:) ə'mʌŋ tʌŋ 'ʌv•n blʌd gəʊz dʌz mæn men 'wʊmən 'wɪmɪn 'vɪlɪdʒ 'mænɪdʒ 'ɒrɪndʒ 'mɪnɪt 'dʒɜ:ni(:) skɜ:dʒ wɜ:k wɔ:k hɪə hɜ:d seɪ sed sez dʒu:s

3. La voyelle /ə/ n'apparaît qu'en syllabe inaccentuée (= faible).

4. Les mots *cot, caught, cart, coat, court* se transcrivent kɒt kɔ:t kɑ:t kəʊt kɔ:t dans l'ordre. Les homophones sont donc *caught* et *court*.

5. Transcriptions de : *colonel, kernel, serial, cereal, idle, idol* = 'kɜ:n•l 'kɜ:n•l 'sɪəri(:)əl 'sɪəri(:)əl 'aɪd•l 'aɪd•l. On a affaire à trois couples d'homophones.

6. *Youth, thirsty, dawn, cord, gored* ou *gourd, born, bone, months, breath, breathe, fifth, wicked.*

Chapitre 6

1. Les voyelles faibles sont en gras : *kang**a**roo, harm**o**ny, harmon**i**c, harmon**iou**s, mill**io**n, hamm**o**ck* ; *moron* /'mɔ:r,ɒn/ n'a pas de voyelle faible.

2. 'lɪt•l 'ket•l ɪ'məʊʃ•n 'neɪʃ•n 'næʃ(ə)nəl 'kɜ:t•n 'brɪt•n

3. 'rekən,saɪl kən'sɪli(:),eɪt kən,sɪli(:)'eɪʃ•n ,rekən,sɪli(:)'eɪʃ•n 'kændɪ,deɪt (var. 'kændɪdət) 'sɪvə,laɪzd 'telə,vɪʒ•n ɪ'nevɪtəb•l ɪ'lu:mɪ,neɪt 'ɪlə,streɪt ɪ'lʌstri(:)əs ,ɑɪ'tɪn(ə)rəri(:) 'fəʊtə,grɑ:f fə'tɒgrəfi(:) fə'tɒgrəfə

4. *¹caterpillar, ¹category, ¹salamander, ¹architecture, ²archi¹pelago, ²gene¹ration, ¹iterative, ²substi¹tution, ²produc¹tivity.*

5. *²refu¹gee, com¹mittee, at¹tention, ²expla¹nation, ¹generate, ¹generative, ²transfor¹mation, ²transfor¹mational, ¹national, ¹nationalize, ²national-i¹zation.*

7. *²visi¹bility.* L'accent 1 est sur la syllabe qui précède le suffixe non neutre -ITY ; la syllabe porteuse de l'accent 1 est précédée de deux syllabes : les principes rythmiques exigent un accent 2, qui ne doit pas être adjacent à l'accent 1. L'accent 2 est donc sur la première syllabe.

BIBLIOGRAPHIE COMMENTÉE

DESCHAMPS, A. (1994) *De l'écrit à l'oral et de l'oral à l'écrit.* Paris / Gap : Ophrys. Ouvrage très complet sur les relations entre graphie et prononciation.

DUCHET, J.L. (1991) *Code de l'anglais oral.* Paris / Gap : Ophrys. Manuel d'initiation à la prononciation et à l'accentuation de l'anglais. Très bien conçu.

DUCHET, J.L. & FRIED, M. (1997) *Manuel d'anglais oral pour les concours.* Paris : Didier Édition. À recommander pour le CAPES et l'Agrégation.

GIMSON, A.C. & CRUTTENDEN, A. (1994) *Gimson's Pronunciation of English.* Londres : Edward Arnold. Ouvrage classique de référence de Gimson, révisé et en partie réécrit par A. Cruttenden.

GINÉSY, M. (1995) *Mémento de phonétique anglaise.* Paris : Nathan. Très bon manuel de phonétique et d'entraînement à la prononciation de l'anglais, avec exercices.

GREVEN, H.A. (1994) *Travaux pratiques de phonétique anglaise.* Rouen : P.U.R. Contient une large gamme d'exercices utiles.

GUIERRE, L. (1987) *Règles et exercices de prononciation anglaise.* Paris : Armand Colin Longman. Initiation très claire à l'accentuation et la graphophonématique.

JONES, D. (1917, 15th ed. 1997 revue par P. Roach et J. Hartman) *English Pronouncing Dictionary.* Cambridge : C.U.P. Ce dictionnaire est la référence classique en matière de prononciation. (Voir aussi WELLS.)

LILLY, R. & VIEL, M. (1993) *Initiation raisonnée à la phonétique de l'anglais.* Paris : Hachette. Très bon manuel, avec nombreux exercices.

ROACH, P. (1991) *English Phonetics and Phonology, A Practical Course.* Cambridge : C.U.P. Très bon cours en anglais avec exercices.

WELLS, J.C. (1990) *Pronunciation Dictionary.* Londres / Harlow : Longman. Excellent dictionnaire, avec les prononciations américaines ainsi que les variantes courantes. Instrument de travail indispensable.

INDEX

Cet index peut servir de glossaire. À la suite de chaque terme, on trouvera l'équivalent anglais en italiques. La page indiquée est celle où se trouve la définition ou la présentation de la notion.

Chez le même éditeur dans le domaine anglais et américain

Collection « 128 »

4. Josette Hérou, *Précis de littérature anglaise*
15. Michel Ballard, *Le Commentaire de la traduction anglaise*
61. Anne Trévise, *Le Prétérit anglais*
62. Paul Larreya et Jean-Philippe Watbled, *Linguistique générale et langue anglaise*
75. Annie et Jean-François Lhérété, *Chronologie thématique des États-Unis*
91. Pierre Sicard, *Histoire économique des États-Unis depuis 1945*
100. Catherine Maignant, *Histoire et civilisation de l'Irlande*
102. Philippe Pilard, *Histoire du cinéma britannique*
120. Ann Grieve et Marie-Françoise Cachin, *Le Roman britannique depuis 1945*
133. Jean-Philippe Watbled, *La Prononciation de l'anglais*
140. André Crépin, *La Versification anglaise*
153. Annie et Jean-François Lhérété, *Chronologie thématique de la Grande-Bretagne*
165. Claire et Monica Charlot, *Glossaire des institutions politiques du Royaume-Uni*
220. Jean-Philippe Watbled, *Les Mots de l'anglais*
221. Alain Nicaise et Mark Gray, *L'Intonation de l'anglais*

234137 – (XI) – OSB 80 – NGT – MPN
Dépôt légal : juillet 2005 – Suite du tirage : mai 2022

Achevé d'imprimer par la Nouvelle Imprimerie Laballery
58500 Clamecy
N° d'impression : 205302